〈令和版〉

温泉風水開運法

保存版

♨誰もが知りたい開運講座

温泉評論家
光悠《こうゆう》・白峰《しらみね》
［弘観道風水学指南役］

明窓出版

はじめに

（日本初、温泉開運入門書）

天下御免　（光悠白峰）

温泉大国といわれる日本国。風水的にも、私が研究している環境地理学から見ても、世界の中でこの日本列島の特異点が上げられます。それは、日本国土はまさに龍体だということです。

この龍体には、人体と同じくツボがあります。実はそれが温泉です。私は平成元年より15年かけて、３０００ヶ所の温泉に入りました。日本には２万２千の温泉があります。一生涯かけてトライする勇気はありますが、正直お金が続きません（笑）。

ある時期、この日本列島の龍体を活性化すべく温泉を通じて気を調整、すなわち、風水処理をしましたところ、なんと新潟に大地震が来ました。

その後ある龍派理論に基づいて、九州のある所を動かしたところ、今度は福岡に大地震が来ました。それ以来龍脈につながる温泉は調整していませんが、東海大地震と東京地震は、いや日本全国の温泉はすべて、地震と関係があることを知り、論文として学会に提出したことがあります。

この本の目的はただ一つ（ＯＫ牧場）。

すなわち今話題の風水術や気学を応用して、温泉へ行くだけで開運できる方法のご紹介です。

ここで、この本を出版する機会を与えてくださった、二人の偉大な方への敬意を表したいと思います。

一人はＤｒ．コパこと小林祥晃氏。

もう一人は占術で有名な細木数子氏。

このお二人の存在がなければ、私は筆を執りませんでした。お二人は高額所得者であり、超有名人でもありますから、私も将来このお二人にあやかって印税で生活できればと正直思っただけです（10年前に同じ本を書いたが売れませんでした。笑）。

ただ私が自ら温泉へ入浴し、弘観道の風水師として一番簡単な方法で「運気取り」ができればいいと考えました。

そして一言。

（皆さまの悦びと感動のためです！）

温泉風水開運法　誰もが知りたい開運講座　―目次―

第2章　中今のひとりごと

第3章　風水と数霊で開運しよう

《数霊一般論》

$ 体験談紹介 $

第1章　温泉とはなにか

一、日本は温泉大国

日本の行く末を思って（不易流行）

15年前、ある方へ手紙を出しました。名古屋で博覧会をやるようにと。そして、日本経済を復興するには、神界で物部《もののべ》の神様ニギハヤヒ（ニギリ飯にあらず。笑）を復活させる必要がありますので、尾張でやってほしいのですと。

昔、名古屋すなわち尾張の一ノ宮は、真澄田《ますみだ》神社でした（現在は熱田神宮）。そこの土地に人の気を集めて熱せば、田は栄えます。

また、ある人から東海・南海大地震の話を聞かされたとき、逆に地震を止めるには、神の喜ぶ祭りやイベントをするといいと断言しました。

そして、「日本の瀬戸際は終わり（尾張）にしよう（笑）」とも言いました。

その後、２００５年に、名古屋で博覧会が開催されました。

また、あるとき私は首相官邸に手紙を出しました。それは観光立国11位（２０１８年調べ）の日本が、世界に誇るべきことはただ三つだけ、万世一系の天皇制と、日本語、そして温泉でありますと。

温泉大国の日本。今後、観光立国として世界にアピールするには温泉しかありません。なぜなら私も仕事柄、世界各国を旅しましたが、これだけ温泉がある国は日本だけだからです。

あるとき、外資系企業の保険会社の社長が、温泉に入浴していました。「どこから来たの？」と英語で聞いたら「ニューヨーク（入浴）」と答えました（笑）。

私がその外国人に「あなたたちは風呂に入る習慣がないのに、なぜ温泉が好きなのですか？」と聞きますと彼は、「温泉、酒、風景、旅、ロマン、歴史」と答えてくれました。すなわち彼らはただ温泉に入るだけでなく、温泉に入りに行くこと自体を観光のすべてだととらえているのです。そして逆に、「私たちはこんなすばらしい国に旅行できてうれしい」、そして、「なぜ日本人はバカンスをもっと楽しまないのか？」と聞かれて、「**私は宇宙人だからわからない**」と答えておきました（笑）。

環境庁が真剣に取り組むべき観光の課題こそ、温泉の産業としてのあり方です。

二、風水に必要な火の働き

風水とはなにか？（国家百年の計）

風水術とは、中国５０００年の歴史の中で育てられた、都市設計と地勢学に基づく学問です。風水師は、隣国の中国香港には２万人以上おり、その収入は上は数億円から下は５００円までいろいろです（笑）。

風水術は、学問的にはビュオクラシー環境地理学という立派な学問であり、天文学と等しく中国の皇帝に従う高級官僚の仕事です。東京都庁もしかり、すべて風水術に基づいて設計されています。

風水とは、風の流れと水の流れを表すのですが、そうした気の流れを有効に取り入れることを風水術と簡単に呼んでいます。

旅行して温泉に入ることとは、すなわち風と水の入れ替え行為であり、立派に風水効果が上がるのです。気が森羅万象を司りますので、その働きと作用が人体に大きな影響を与えます。

それゆえに、国家戦略や個人の開運法として、ますます話題を呼んでいるのです。

ヒ（火）フ（風）ミ（水）こそ本当の開運法

さて、風水もさることながら、我が弘観道では火を加えてヒフミを大切とします。密教の護摩で火を使うのは、浄化の能力を最大にするためです。

そして、温泉こそ水に熱を加える火力があり、大自然の風景により意識と気を変化させる効果があります。すなわち、今話題の風水術を超えた開運術のすべては、火と風と水の働きと作用といえますから、温泉入浴こそ風水効果を超えた、最大の開運術です。

人は疲れたり、精神が不安定になったときや、身体の状態を変えたいときは、不思議と旅に出るものです。

今現在の温泉ブームは必然的に起こったものであり、旅をして温泉に入ることこそ、運命を変えるということを、古人は知っていたのでしょう。「温故知新」（古きを訪ね、新しきを知る）という言葉をかみしめましょう。

温泉へ行けば、古き伝統を知ることにもなるのです！

三、温泉こそ神が作ったイヤシロチ（生命磁場）

脳と温泉と電磁波社会

脳のストレスや、電磁波障害を取るには、温泉が一番です。

大学の研究室にて、温泉に入浴した後に、どれだけ脳波がリラックスしたかを調べたところ、１００人中94人の脳波が安定しました。

そして今、青少年の逆ギレが問題となっていますが、今は彼らの40％が家で風呂に浸からず、シャワーだけで済ませています。だから、生体磁場の必要以上の負荷を取ることができずにいるのです。

北海道のある病院では、精神科の治療に温泉を利用して大変な効果を出していますが、温泉に入ると不思議と脳波がアルファ波となり、瞬時に悪い状態の患部の治りが早くなります。

アメリカのインテリジェンスな人たちが、よく日本に来て温泉に入る理由がなんとなく理解できました。精神病ストレスには、白色系の温泉が効果あり。間違いありません！

（外科手術前に温泉に入浴すると、治療効果が上がるという話もあります）

薬を飲むより、旅して温泉

薬とはなんでしょうか？　クスリ、すなわち逆から読めばリスクです。

私たちは薬を飲み続けると、実は肉体よりも人体の気のエネルギーが出なくなります。

中国北京在住の有名な気功の先生は、3日以内に薬を服用したり注射をした人の治療は絶対にしないと言います。それは、薬を飲んでいる人には、十分な気功効果が出ないからだそうです。

逆に温泉に入ってから気を患者に送ると、気が身体の深い所まで届いて、とても効果があるといいます。

そして中国の気学の世界では、旅をして吉方位の気をいただくことによって運気を改善できます。**神社参りより、吉方位の温泉へ入浴したほうが、はるかにご利益があるといいますから、まことに不思議**です。

知人の新聞記者が、あるとき、サラ金から金を借りて返せず、しばらく隠れて九州の温泉に入っていたところ、なんとたまたま吉方位へ移動していたために、サラ金の取立てが急に来なくなったといいます（笑）。

この話、間違いありません！（嘘のような本当の話）

生命磁場と希少鉱石の働き

生命磁場は、オーラや気と呼ばれています。

私はあるとき、ドス黒いオーラに包まれた人をカウンセリングして、なかなか取れずに悩んでいましたが、硫黄分の強い温泉へ入浴をすすめたところ、３日間浄化しても取れなかった黒いエネルギーがすっかり消えてしまいました。

温泉がなぜ身体に良いのでしょうか？　それは一言で言えば霊、魂、身体の生命磁場を調整するからです。そしてなにより温泉の中に含まれる希少鉱石が（ラドン、ゲルマニウム、バナジウムｅｔｃ.）薬理効果を出してくれるのです。

温泉地で表示されている効能のある病気というのは、どのようにして決まるのでしょうか？　それは、温泉の中に含まれている、希少鉱石のミネラル成分によるものです。

ただし、多くてもダメ、少なくてもダメ。やはり日本中で有名な温泉地を巡り、全国の温泉に入って、本当に自分に合った温泉を捜し当てることがなによりです。

まさに、温泉とは恋愛のごとく愛しいものなり。

四、干支、十二支で行く気学開運方位の温泉とは

気学で見る温泉開運術

私はよく、開運という言葉を考えます。

運を開くと書きますが、運を司るもの、そして病気を司るすべての原因は、一言で言えば気です。

エネルギーの高い気をいただくことが、人間関係でも仕事でも大切なことであり、特に方位を取ってエネルギーの高い温泉に入ると、本当に人生が変わるものです。

昔の人はよく定期的に温泉に入って養生していましたが、現代人は日帰りなどの中途半端な入浴が非常に多く、残念です。最低2泊3日くらいは、ゆっくり温泉に入っていただきたいものです。

日本地図を広げて、毎年吉方位の温泉へ入浴しておりますが、十二支にて温泉と共鳴する磁場があることを2005年に発見しました。そして、方位よりも効果的に運気を上昇できる秘訣が発見できたので、この本を出版することに決めたのです！

あなたの干支で行きなさい（わからないときは江戸〈エド〉からスタート）

吉方位はどうやって取ったらいいのでしょう？　との質問をよく受けます。わからないときは東京駅からスタートしなさい、と私はお答えしています。

日本の中で、東京は風水的にも重要な所ですが、すべての方位を取れる最高の場所です。

あるとき、佐渡に住む方から電話をいただき、「先生、北西の方位がいいと言われましたが、朝鮮半島へ行ってしまいます。どうしましょう（笑）」と言われ、十二支の寅年の方だったので、寅年にエネルギーを与える方位の温泉を紹介したことがあります。

人間は気学上、すべて九つの星と五色の波動に分けることができますが、さらに十二支で分けて、日本全国の温泉地の磁場と共鳴する所へ行けば、方位が悪くとも、手相、人相が悪くとも、開運できるということをお知らせしているのが、この本のすごい所です（ハイ）。

日本中に温泉の本はありますが、**温泉による開運法の本**はこれだけです。ハイ！

五、病気も治し開運できる温泉とは

人でなく神仏が入る温泉

私は15年にわたり研究をして、温泉を三つに分類しました。それは、

一、一般温泉（通常の温泉であり、銭湯レベル）

二、真気温泉（病気の治療効果の高い温泉）

三、龍泉温泉（神仏や龍神が入る温泉）

この中で、龍泉は全国に13ヶ所しかありません。そしてすべての龍泉は、人間が入浴しづらい場所にあります（参考までに八丁湯〈栃木県〉など。他は㊙ですが、ご縁があれば見つかるでしょう）（笑）。

私は龍泉へ旅をして、夜中に神仏や龍神様と会話する機会が多いのですが、あるとき神様にバケた動物霊（キツネ）が出てきたことがあります。そしてそのキツネに、なぜ露天風呂に来るのか？　と聞いたら返事がありませんでした（笑）。すなわち答えにならないのです。されど帰り際、左足を引きずっていたオキツネ様は「コ～ン」と言って消えて行きました。

どうやら二度と来～ん（コ～ン）というわけなんですね（笑）。

病は気から、気こそ生命力

「氣」――この言葉は中国の古典では、森羅万象のエネルギーの働き、とあります。

そして東洋医学では「病は気から」という名言もあり、大自然の中での最高の治療師として存在しているのは温泉でしょう。

薬も処方せず、手術もせずに、ただ黙って入浴するだけでいいのですから、やはり日本人は温泉に入ることを生活習慣とすべきです。

六本木ヒルズに住んでいた外資系の社長が、私のアドバイスにて那須塩原へ引越しましたが、毎日温泉三昧の生活です。

そしてこのごろは、人と会話するより自然を相手にして生活したいと、会社を50歳半ばにて引退し、毎日農業をしながら温泉漬けの生活を続けています。その社長が私に一言。

「人間は、仕事だけが楽しみじゃないんですね」

温泉へ入り、旅をして初めて、人生にとって一番大切なものがなにかわかった、と言っていました。

六、秘湯紹介

温泉神社総本家（温泉神社とは）

全国には数多くの温泉があり、同じく温泉神社もあります。

温泉神社とは古来、源泉の出た所を神社にしており、その地域の龍穴の中心ともいえるでしょう。

病気治療などで温泉へ入浴する場合の心得として、まず温泉神社を捜し、温泉の神様へご挨拶してから温泉へ入ると、不思議と治療効果が高くなります。

温泉神社には、龍神様が生活しておられます。みなさまは信じられないかもしれませんが、龍神は実在するのです。

リュウマチで、40日近く温泉で長期療養を試したが効果が上がらず、私の所へ相談に来た中年女性に、温泉神社へ7日間参拝後、3日間、温泉への入浴をすすめたところ、なんと10日で嘘のようにリュウマチが良くなったと報告をもらったことがあります。

その後、私も年2回温泉ツアーを企画していましたが、必ず温泉神社へ参拝の後に温泉に入り、効果が高いとみなさまに喜んでいただいていました。

東北山形出羽三山にある温泉湯殿山神社とは

温泉神社の総社はどこにあるか、みなさまご存じですか？　実は東北出羽三山にある**湯殿山神社こそ、日本全国の温泉の総代となっている**のです。

これがわかるのに８年の時間がかかりましたが、日本全国の温泉、そして温泉神社の総天神が必ずあると考えて調査を続けてきました。

はじめは富士山の近くかと思いましたが、２００２年に温泉が流れる大きな岩の夢を見て、２００５年に出羽三山へ参拝に行った帰りに湯殿山へ寄ったところ、なんと、夢の中で見た大岩が目の前にあり、岩から「我こそは神州温泉の総代にて、湯殿の大神なり」と言葉をいただいたときは、本当に驚いてしまいました。

そして日本国は龍体にて、龍穴の心臓にあたる場所が湯殿山と教えられました。そして、血液にあたるのが温泉であると（北海道を頭とすると四国石鎚山ではあらず）。

それから、心臓病の方がこの湯殿山を参拝しますと、不思議と持病が良くなったという話を聞きます。

七、開運温泉紹介

一、家族連れで行きたい温泉

家族連れで行ってほしい温泉は全国に五つあります。

東北は十和田湖、北海道はカルルス温泉、そして九州は阿蘇山の近く、近畿は熊野の十津川温泉。そして関東では、霊峰と呼ばれし日本一の山がある富士山近くの河口湖温泉です。ここでは、それ以外でもお薦めの温泉を含めて紹介します。

〈山梨県〉河口湖富士登山口　旅館　熔岩温泉

山梨県南都留郡富士河口湖町船津5219／電話0120-29-2260／0555-72-2260

私がよく行く温泉に、河口湖近くにある「熔岩温泉」があります。ここの温泉はバナジウムが多く、糖尿病にすごく効能があり、遠赤外線効果で身体が温まります。

お風呂にはその名のとおり、溶岩が敷き詰められていて、ゴツゴツとした岩肌が、自然の中で入浴している気分にさせてくれます。甲状腺ホルモンの働きを活発にし、細胞を活性化するので、美肌効果もあります。また、脂肪を分解する作用や、小じわを少なくする効能もあります。河口湖に近く、人気の観光スポットに行くにも便利です。

お食事は、名物の「溶岩焼き」料理。溶岩プレートで食材を焼くため、旨味が素材の中に閉じこめられて非常に美味しく、ボリュームも満点で、子どもからお年寄りまで満足できます。

富士山の近くの温泉は、生命エネルギーを多量に含んでおり、身体への充電にはとても良いです。富士山を見ながらの温泉三昧は、家族連れで行っていただきたいものですね。

その他、河口湖の近くの温泉は、日本の中でも風水的に特殊なエネルギーを感じます。それは、富士山から流れる神気が、そのまま温泉のエネルギーと共鳴を起こしているからです。

〈岐阜県〉　下呂温泉　湯之島館
岐阜県下呂市湯之島645／電話0576-25-3131
昭和6年創業で、高台の5万坪の広大な敷地に建っています。下呂温泉が一望でき、見晴らしがよくすばらしい宿です。外観は数寄屋造りで趣があり、天皇皇后両陛下や有名人が滞在する宿として知られています。

最近の温泉は、本物の「掛け流し」が徐々に少なくなる傾向にありますが、部屋付きの温泉からシャワーに至るまですべてが掛け流しという贅沢な温泉です。アルカリ性単純泉で、肌がつるんとする感じがあり、一皮むけたような湯上がり感でさっぱりとします。司馬遼太郎の「街道を行く」の舞台となった、茅葺きの離れ「春慶荘」が有名です。夕食は、飛騨牛と鮎料理で、この地方ならではの味わいです。

日本三大温泉の下呂は、全国に知られています。交通アクセスにやや難がありますが、行くだけの値打ちは十二分にあります。「これぞ温泉」という風情を、リーズナブルに楽しみたい方にもおすすめです。

〈兵庫県〉　淡路島洲本温泉　ホテルニューアワジ

兵庫県洲本市小路谷20／電話0799-23-2200

紀淡海峡、大阪湾を一望できる、ロケーションがとてもすてきなホテルです。温泉は単純弱ラドン泉で、気分さっぱりになるお湯です。特に朝日をおがみながらの朝風呂は、国生みの神話を彷彿とさせる、神々しさの中で生まれ変わったような気分にさせてくれます。

洲本温泉郷の中ではトップクラスの宿だけに、館内設備はきれいで充実しており、また行きたいと思わせる淡路島随一の宿です。

隣接するニューアワジグループのホテル夢泉景は、古茂江海岸沿いに古代イスラエル遺跡の跡地があり、知る人ぞ知る隠れスポットとなっています。

〈京都府〉くらま温泉

京都市左京区鞍馬本町520／電話075-741-2131

京都市街から北へ、小一時間クルマで走ります。山道を走ると、貴船神社を左手に見て突き当たりが鞍馬寺。そこから右折してしばらくすると、その温泉があります。

鞍馬山は、毎年5月にウエサク祭という満月祭が夜中に行われます。あらかじめこちらの温泉で汗を流してから、鞍馬駅の送迎バスで鞍馬山に行くのも一つの楽しみです。またウエサク祭にあわせて宿泊予約しておくと、深夜に電車がなくなっても、安心して休むことができます。

泉質はミネラルをたっぷり含んだ単純硫化水素泉で、神経痛やリュウマチ、糖尿病、美肌、腰痛など幅広い効能が認められています。

鞍馬駅から送迎バスが出ています。所要時間は約3分。鞍馬駅まで徒歩でも10分で行けます。

お料理の中で印象的なのが「釜飯」でした。時間はちょっとかかりますが、待つだけの価値は十二分にあります。とても美味しくいただきました。

二、恋愛を成功させる温泉

〈青森県〉 十和田温泉

青森県十和田西四番町4-6／電話0176-58-5218

このごろ温泉ブームのせいか、「若いカップルが行くのに良い温泉を紹介してください」と言われます。

恋愛中の恋を成就させるには、十和田温泉がおすすめです。まず、日帰りは無理だから宿泊するしかないですし（笑）。

そして、十和田湖のボートに乗って人生を語るのです（田沢湖ではダメです）。

十和田湖には、精神を安定させ、心の中に深くある本音の意識を目覚めさせる作用が風水的にあるゆえ、今つき合っている人が、本当に自分のパートナーかがわかるのです。そして十和田湖の宿に泊まって、人生を、二人の将来を語るのです。

ビワ湖や摩周湖でもダメ。十和田湖が一番良いですね。

逆に恋愛が上手く行かなくなったときに人生を再調整させるにも、この磁場のエネルギーが良いです。理屈でなく、まず行ってごらんなさいよ、若い諸君！

〈岐阜県〉　飛騨高山温泉　臥龍《がりゅう》の郷《さと》
岐阜県高山市一之宮町5525／電話0577-53-3933

高山市のほぼ中央に位置する、高山市一之宮町にそびえる標高１５２９ｍの位山《くらいやま》は、日本二百名山に数えられ、飛騨北部と南部の境界に位置する位山分水嶺の山です。

また、パワースポットの山として、古代岩文字・ペトログラフの山としても近年注目されています。

この位山山脈から湧き出る鉱泉が、臥龍温泉の源泉となっています。男性用の露天風呂からサンダルを履いて歩くと、そこには位山から持ってきた古代岩文字の刻まれた岩があり、一見の価値あり、です。

興味がわいたら位山に登ることも可能で、「モンデウス飛騨位山」というスキー場の駐車場から、山に向かって右手側に狭いながらも車道があるので、それを利用すれば楽に山頂に行けます。

さて温泉は、源泉掛け流しの露天風呂や陶器風呂があり、リラックスできます。ただし湯ノ花が木製の縁台などにあって、滑りやすいので要注意。筆者は一度転倒してしまいました（笑）。

そこのレストランでは飛騨牛の陶板焼きもあり、格安で温泉宿気分が味わえました。お値段のわりに料理はきちんとしていましたから、家族で宿泊されても比較的リーズナブルに泊まることができます。

〈長野県〉ゼロ磁場の宿　入野谷《いりのや》
長野県伊那市長谷市野瀬405-1／電話0265-98-1030

専用サイトには「三峰川渓谷沿いの百年余の歴史に富む水系と、日本最古の断層といわれる中央構造線の岩盤から湧き出る自然水を沸しています」とありますので、いわゆる温泉ではないものの、ゼロ磁場地帯に立地する浴場としておすすめしています。ゼロ磁場で有名になっている分杭峠はすぐ近くで、バスも出ています。ゼロ磁場地帯へ行くベースキャンプとして利用される方も多いと聞きます。

筆者の場合は、諏訪大社のご神体山である「守屋山」に登山するための宿として利用させていただきました。館内は清潔感あふれる公共の宿です。お料理も美味しくいただけました。

〈長野県〉安曇野市　中房温泉

長野県安曇野市穂高有明7226／電話0263-77-1488

日本アルプスの中腹、海抜1462メートルの燕岳登山口にある温泉です。文政4年（1821年）に開湯。古くから湯治場として知られています。信州でも有名な温泉で、登山家が愛した温泉としても知られています。

源泉100％掛け流しで加温、着色、循環など一切していない点も、まさに温泉のツボをおさえているといえるでしょう。

近隣には有明美術館、大王わさび農園、安曇野ちひろ美術館などがあります。

三、経営者におすすめの温泉

〈山形県〉 蔵王温泉

以前は年2回、経営者のためのセミナーと脳力開発の講師をしていました。

その中で、会社の社長たちから「いい温泉を紹介してほしい」と言われましたが、愛人や従業員を連れて行ったり、接待で行くのではなく、会社の方針を考えるために一人で行くには、山形蔵王温泉がいいと答えます。

その理由はいろいろありますが、蔵王温泉は日本書紀にも登場する日本最古の温泉であり、ヤマトタケルと深い因縁があります。経営者が日本の将来を考え、そして会社のあり方を深く考えるなら、この蔵王に鎮まる大国様が、きっと経営をサポートしてくれるでしょう。

蔵王、この山には不思議な神気があり、古文献の「ホツマ伝《つたえ》」には、古代王朝の歴史もあります。修験道でいう蔵王権現と呼ばれる神は、熊野大峰山でなく東北蔵王にいた神です（神道の国常立大神と蔵王権現は同一神です）。

蔵王権現とは智恵と力を司る神ゆえ、経営者の守護として最高ですね。宗教でなく縁起で温泉へ行き、開運してくださいね。

〈栃木県〉 奥塩原元湯温泉　秘湯の宿　元泉館
栃木県那須塩原市湯本塩原101／電話0287-32-3155

温泉はすべて濁り湯で乳白色がベースですが、緑がかった温泉もあります。硫黄の臭いがいかにも温泉、という感じを醸し出しています。
泉質は、含硫黄・ナトリウム・塩化物・炭酸水素塩泉。こちらも源泉掛け流しです。
食事は朝がゆが出ますので、前日飲み過ぎた場合でもおなかにやさしいです。こちらの朝がゆは、温泉で炊いたというのがミソ。夕飯には岩魚、天麩羅盛り合わせ、茶碗蒸し、牛肉の柳川風と、地元の食材を使った美味しい料理です。

〈山梨県〉 南八ヶ岳温泉郷若神楼《わかみろう》
山梨県北杜市須玉町若神子5250／電話0551-42-3378

甲斐の郷、須玉温泉の元湯の宿です。フロントの方々は皆フレンドリー。家族連れが多く、リピーターの方がかなりの数を占めているそうです。

ナトリウム炭酸水素塩化物泉源泉温度28℃の源泉掛け流しです。湧出量1日、1080トンといいますから、自噴量としては日本ではトップクラスです。

食事は甲斐の名物馬刺しがおすすめで、ほうとう鍋もあります。子ども連れで八ヶ岳で遊んだ後は、こちらの宿に泊まって旅の疲れを取ってから帰るのがおすすめです。子連れが多い宿なので、少々騒がしくても大目に見ていただける点もみのがせません。

また、ここは工学博士であり電磁波対策機器の開発では世界トップクラスの増川いずみ先生がセミナー会場として使われていた所でもあり、環境問題、スピリチュアルに関心の高い方にもなじみ深い温泉宿となっています。

〈長野県〉　昼神温泉　湯多利の里　伊那華

長野県下伊那郡阿智村智里503-294／電話0265-43-2611

中日ドラゴンズの選手会で毎年利用されていた宿で、ドラゴンズファンには特におすすめです。泉質は単純硫黄泉（アルカリ性低張性高温泉）で肌がつるつるになります。今まで入った温泉の中で湯上がり感、さっぱり感は群を抜いていました。

また食事がとても充実しており、バイキング方式の中では質の高い料理が多数ありますので、見て食べて楽しめます。

花桃の季節に訪れると、村祭もあり、明るい雰囲気でゆったりした温泉郷散策が堪能できます。4月中旬には花桃が咲き乱れて、とても美しい風景が楽しめます。

昼神温泉郷というだけあって周囲には温泉宿が林立していますが、谷間の小さな村の風情も充分に堪能し、泉質の良い温泉と美しい風景、美味しいお料理をリーズナブルな価格で楽しむことができ、プチ・リゾート気分にひたることができます。

〈岐阜県〉奥飛騨温泉郷　新平湯温泉　松宝苑

岐阜県高山市奥飛騨温泉郷一重ケ根新平湯温泉／電話0578-89-2244

奥飛騨温泉郷は新平湯・福地・平湯・栃尾・新穂高の五つの温泉地で構成される岐阜県を代表する温泉郷です。全国屈指の温泉湧出量があり、この温泉郷にある露天風呂の数は全国一です。

北アルプスと露天風呂の里、奥飛騨温泉郷「新平湯温泉」にある古民家造りの一軒宿。大きな鉤が目立つ囲炉裏と畳の癒やしの空間があり、都会では味わうことのできない、日本人のルーツ、琴線に触れる風情あふれる温泉宿です。

ナトリウム・炭酸水素塩泉、塩素消毒なし。加水なし、冬季のみ加温。源泉掛け流し。とても清潔で洗練された客室でした。

母屋は古くからの飛騨の匠の技が生きている、今や貴重な建物です。日帰り入浴はなく、個人のお客様だけを対象にした宿で、都会のホテルのような便利な宿ではないですが、「便利グッズなどがないこと」が逆に豊かさを演出してくれます。

白川郷にも近く、世界遺産が見どころの癒やしの宿としても利用されています。

四、人生再出発の時におすすめの温泉

長野渋温泉&万座温泉

歴史の武将の中で温泉をこよなく愛した一人に、武田信玄がいます。信州アルプスの中で、信玄が最も愛した温泉は、長野渋温泉です。ここには、昭和時代のまだ古い温泉街が残っています。

そして、なぜか人気があるのが万座温泉です。万座から夜空を見たら、これ最高。

あるとき、万座の露天風呂に行っていたところ、リストラされて東京から来た男性が入

浴していました。会話の中で、ここに来るとなぜか心が落ち着くと言っていました。

万座プリンスホテルの露天風呂はいいですね。軽井沢の別荘を持っている多くの方が、スキーのときには必ずここに来ると言います。景色もさることながら、満天の星を見上げる露天風呂、本当にマンザら悪くないですよ（笑）。

人間は言われなくとも意識の世界で、自分が行きたい所を知っているのですね。

〈山口県〉大河内温泉　平田旅館
山口県下関市豊浦町大字宇賀5354／電話083-776-0055

ここは、ふぐ料理が有名です。ふぐは筆者の好物ですが、普通に食べに行くと非常に高いですね。でもこちらは、リーズナブルに本場・下関のふぐ会席が楽しめますので、とてもお得です。一年中楽しめますので、季節を問わず行きたくなる宿です。

泉質はアルカリ性単純温泉で「古傷の奥から異物が出る」など奇跡の湯と言われています。

貸し切り檜風呂もあり、贅沢なひとときが楽しめます。

〈栃木県〉 鬼怒川温泉　ホテルニューおおるり

栃木県日光市鬼怒川温泉滝37／電話0288-76-1001

鬼怒川を見下ろす好立地に建つ温泉。自家源泉付きの温泉宿にしては、値段が安く楽しめるのが特徴です。無料貸し切り露天風呂もあります。

食事はバイキング&ワンドリンク付きで、育ち盛りの子どもたちと一緒に家族旅行に行かれる方にはお値打ちで、特におすすめです。

ホテルを運用する、おおるりグループは奥日光、塩原温泉、草津温泉、熱川温泉などに15のホテルを展開しているだけあって、大量仕入れによるコスト削減で、宿泊客にはうれしい価格設定です。

新宿駅、池袋駅、千葉駅、松戸駅、埼玉新都心駅といった主要駅から往復してくれる「ゆけむり号」という送迎バスもあり、都心部周辺からの利便性も考えられています。

〈兵庫県〉 有馬温泉　有馬グランドホテル

兵庫県神戸市北区有馬町1304-1／電話078-904-0181

有馬三山に囲まれた、高台にそびえるホテルです。最上階の9階に大浴場をそなえています。

重量のある浴場を最上階に設置してありますので、阪神淡路大震災のときは大丈夫だったか聞いてみましたところ、建物の亀裂はところどころありましたが浴場は大丈夫だったとのことです。

展望風呂の眺望はすばらしく、また有馬特有の赤い鉱泉での癒やしもまた格別のものがありました。さすが日本三大名湯の一つに数えられるだけあります。

サービスも充実しており、また行きたい温泉宿の一つです。

五、とにかく元気になりたい時の温泉

熊本黒川温泉

全国の人気温泉地ランキングで常連なのが、九州の黒川温泉です。

なぜ、アンケート調査で人気があるのでしょうか？

それは「元気になる。お金を使う価値が十分ある」からだと言います。なるほど、温泉街の中でも村興しに力を入れており、観光客への対応はすばらしいです。

もし九州へ温泉旅行に行くなら、黒川温泉がいいと思います。女性雑誌でもたびたび取材されているようです。

逆に観光的に演出されすぎているきらいもありますが、温泉旅行の第一印象を良くしたいならば、やはり黒川温泉はおすすめです。

観光協会のアンケート用紙には、この温泉へ来た人々が一様に、「とにかく元気になりました」と書いています。この一言につきるのです。

〈熊本県〉　弓ヶ浜温泉　大洞窟の宿　湯楽亭

熊本県上天草市大矢野町上5190-2／電話0964-56-0536

手掘りの大洞窟風呂が珍しい造りの温泉です。

どうしても入りたい日本の秘湯10選に選ばれただけあって、泉質は極上です。白濁した赤湯は、湯の華が美容パックにもなりおすすめです。

とても美味しい海鮮料理がいただけます。

ここは温泉通向きの秘湯ですから、後から何かと自慢できることでしょう。

〈秋田県〉 南玉川温泉　湯宿　はなやの森

秋田県仙北市田沢湖玉川328／電話0187-49-2700

岩盤浴で有名な玉川温泉。観光地の田沢湖湖岸から341号線で玉川温泉方向に向かって走り、宝仙湖の向かいに建つ一軒宿です。

秋田杉が、腰壁や柱などに多数使われており、地産地消、郷土愛にはぐくまれた田舎の木造校舎を思わせる造りです。

源泉温度は60℃で、ナトリウム・硫酸塩泉が勢いよく出ている源泉掛け流しの温泉です。有馬温泉とは異なるオレンジ色の温泉で、キレイな色をしています。

秋田の豪雪地帯だけあって冬場は閉鎖されますが、大自然の白樺に囲まれた秘湯で、クルマでの長旅の疲れを癒やしてくれる温泉としてもおすすめです。

〈長野県〉 四大パワースポット横谷渓谷　横谷温泉旅館

長野県茅野市北山5513／電話0266-67-2080

横谷渓谷にある、巨石露天風呂で知られる横谷温泉旅館。この地は長野四大パワースポットの一つとされています。

ここは日帰り入浴しかありませんが、黄金色をした巨石のある露天風呂がとても印象的でした。

男湯のみの印象ですが、内風呂から外に出ると、数10メートルにわたる露天風呂が数種類楽しめます。渓谷に沿った温泉なので、やや細長い形ですが十二分に広い露天風呂です。

突き当たりの露天風呂が黄金色をしており、また10メートル近くある巨石がまるで温泉を支えているかのようにそそり立ち、その場にいるだけで癒やされます。

眼下には横谷渓谷の清流が流れており、川の音を聞きながらのんびりと露天風呂を楽しめました。金運が上がる効果があるとのことで、パワースポットの効果と相まって福々しい気持ちになりました。

筆者の個人的感想ですが、確かにこの温泉に入ってからお金まわりがよくなったように感じました。家族で入浴すれば家族全員御利益にあずかれると思います。開運温泉は伊達《だて》ではなかったと感じました。

〈長野県〉　信州下諏訪　毒沢鉱泉　神乃湯

長野県諏訪郡下諏訪町社7083／電話0266-27-5526

八ヶ岳中信高原国定公園のふもとに拡がる秘湯です。

ここの温泉は、浴場内に湯を飲める場所がしつらえてあります。ちょっと渋みのある印象ですが、身体にとても良いといわれています。

泉質は含鉄・アルミニウム・硫酸塩冷鉱泉（酸性低張性冷鉱泉）ＰＨ２・５。

諏訪大社下社春宮の急な山坂道を登った先にありますので、運転には少々注意が必要ですが、山あいにあるこの秘湯は「日本秘湯を守る会」の会員宿でもあり、神秘性も感じられます。

この秘湯を真摯に守られている館主さんのきりっとした姿は、この温泉が普通の温泉とは異なり、神が入る湯としての存在をも知らしめているかのようです。

毎月７日午後１時から「弁財天月次感謝祭」が執り行われており、諏訪湖弁財天から招来したご神体が大切に祀られています。お湯に入ることすらすでに神事、禊のような神々しい温泉で、すばらしい泉質です。

テレビや映画の取材が行われている温泉としても知られています。芸能人がお忍びで訪れる秘湯です。
また、この源泉から取った湯の花の通販もしています。宅配されますので、自宅で温泉気分を味わいたい方にもおすすめです。

六、山の旅、酒の好きな方におすすめの温泉

露天風呂に日本酒が似合う温泉の一つは、奥飛騨です。

〈岐阜県〉平湯温泉　ひらゆの森
岐阜県高山市奥飛騨温泉郷平湯763-1／電話0578-89-3338

他にも、おすすめはたくさんあります。

〈長野県〉白骨温泉　泡の湯（入浴のみOK牧場）
長野県松本市安曇4181／電話0263-93-2101

〈長野県〉　白骨温泉　小梨の湯笹屋
長野県松本市安曇4182-1／電話0263-93-2132

重曹が豊富で美肌湯としても知られる白骨温泉で、とりわけリピーターが多いのがこの笹屋さんです。

木々に囲まれた屋根付きの露天風呂。田舎の日帰り温泉並のリーズナブルさも魅力です。浴場までの階段状廊下も風情があります。

中部縦貫道を使うと高山インターから1時間ですから、岐阜県側からのアクセスも良好です。

乗鞍温泉

登山家の方々が口をそろえて「いい温泉」と言うのは乗鞍温泉。

ここには東大の宇宙線研究所があります。天体観測で日本で一番星がきれいに見える所です。

私は乗鞍温泉に入るときはいつも、宇宙人へメッセージを送ります。

宇宙人に興味のある方は、乗鞍へ行ってみてください。頭がすっきりします。

そして、宇宙人体質の方はわかります。ここの神気が宇宙に一番近いことが。

〈山口県〉道の駅　蛍街道西の市　蛍の湯

山口県下関市豊田町大字中村876-4／電話083-767-0241

美肌の湯、という紹介が多いのですが「肌は内臓の一つ」という話もありますので、新陳代謝が良くなれば肌がキレイになり、結果的に健康的な美人になれるのかと思います。

県道34号線の下関長門線沿い、小月インターからクルマで20分という利用しやすい場所にあります。

「お食事処満作」のふるさとバイキングは、食べ飽きない素朴で美味しい料理がたくさんあり、いろいろなお味が楽しめます。

日帰り温泉ですが、喫茶や、手作り工房のある蛍街道西の市の施設で食事が楽しめ、何かと疲れるクルマ旅行の帰りなどに立ち寄れば、旅の疲れも大いに癒やされることでしょう。

※令和2年1月6日より改修工事のため一時閉館。営業再開は令和2年7月中旬頃を予定。

〈青森県〉　不老不死温泉

青森県西津軽郡深浦町大字艫作字下清滝15-1／電話0173-74-3500

青森県の西端に位置し、日本海を望みながらの露天風呂が楽しめます。

源泉掛け流しで、泉質は、泉質含鉄・ナトリウム・マグネシウム・塩化物強塩泉で、源泉温度は52・2℃。源泉地下200mから湧出し、1分間に約4000リットルの湯量を誇ります。腰痛、リュウマチ、創痛、皮膚病に効果があるといわれています。

深浦町は青森の中でもマグロの水揚げ量が一番なので、お食事はご当地グルメの深浦マグロ・ステーキ丼が一押し。新鮮なマグロがお刺身、ジンギスカン鍋の片面焼き用、両面焼き用の三種類で用意されています。

七、60歳過ぎて人生しみじみの温泉

〈栃木県〉 那須塩原温泉　明賀屋《みょうが》

栃木県那須塩原市塩原353／電話0287-32-2831

会社で定年になった方が都心から2時間で行けるおすすめの温泉は、那須塩原です。東京（江戸）の裏結界にあたる日光。東京に住んでいる人が感謝の心を込めて行くべき所は日光であり、その帰りに塩原温泉に行くとよいでしょう。

おすすめの温泉は「明賀屋《みょうが》」です。露天風呂の目の前に川が流れており、大自然と調和したいい宿です。

人生を長く共に歩んだ人同士で行くのにおすすめです。友人でも家族でもいいですが、この塩原は、60歳を過ぎた人にぜひ行っていただきたいですね。

私はこの宿の露天風呂にて、芸能人や不倫をしているカップルをよく見かけます（笑）。あるとき一人で混浴露天風呂に入っていましたら、70歳くらいの婦人に「おにいさん、月見酒でワンカップ飲みましょう」と言われて、私は「なにか用かい（妖怪）？」と返事をしたのを忘れられません（笑）。

〈福井県〉　東尋坊温泉　三国観光ホテル

福井県坂井市三国町緑ケ丘4-4-8／電話0776-81-3111

東尋坊からクルマで十分程度の所にある老舗ホテルです。

若い頃は民宿をよく利用しましたが、アメニティの充実や便利さを考えるようになった中年期からは、ホテルも利用しています。

やはり福井といえばカニ。本来は泉質の話から入るべきですが、温泉宿は温泉と食事と観光の順位はつけがたいところが多く、冬の福井といえば越前ガニです。

私の楽しみはここのカニを使った御膳で、三国漁港は甘エビ、サザエ、アワビなどが名物ですので、季節の越前会席なら和牛、刺身、松茸ごはんなど豪華な取り合わせが楽しめます。

泉質はアルカリ性単純泉。温度はやや低めの29度前後。自家源泉が自慢です。

〈群馬県〉　片品温泉　子宝の湯しおじり

群馬県利根郡片品村越本626-1／電話0278-58-2328

とろみのある温泉で、ＰＨ９・１の表示に納得です。

ご主人が畑で作る野菜と、方品川の魚が中心の会席料理で、都会の人には田舎に帰ったような感じがして落ち着ける宿です。日光白根山、赤城山、武尊山などへでかける中継宿として利用すると便利です。

冬場はスキーと併せて利用すると、田舎の温泉の癒やしとスキーの楽しみで、よい旅が演出できると思います。

〈鳥取県〉大山　皆生温泉　海潮園

鳥取県米子市皆生温泉3丁目3‐3／電話0859‐22‐2263

ここの岩風呂で、大本教の出口王仁三郎が「霊界物語」を口述筆記したとして知られる温泉です。

元は魚問屋だった建物ですが、多くの文人がここを訪れて、作品について考えていたといいます。

具体的には作家の野坂昭如さんが創業者と同窓生だったということで、司馬遼太郎さん、吉行淳之介さん、田辺聖子さん、棟方志功さんら、有名な作家、芸術家もよく泊まりに来られたとのことです。作家や芸術家志望の方は一度訪れてみてはいかがでしょうか。

クリエーターの方々など新たな着想が必要な場合にも、思わぬ恩恵、着想を得られるかもしれません。
この温泉宿自体がパワースポットともいえますし、鳥取・大山界隈を観光するならば最高の宿となることでしょう。

八、病気の平癒、病後の回復におすすめの温泉

〈北海道〉二俣らじうむ温泉
北海道山越郡長万部町字大峯32番地／電話01377-72-4383
療養に良い温泉は、北海道は二俣温泉。風水的に、日本を人体とすると、北海道は頭にあたります。

〈北海道〉豊富温泉　豊富町温泉保養宿泊所　湯快宿
北海道天塩郡豊富町字温泉／電話0162-82-3900
アトピー治療では、豊富温泉が日本全国からアトピー患者が来るほど、有名な所であり

ます。摩周湖は、今でも縄文時代のエネルギーが宿る聖域です。

〈長野県〉　松代温泉　松代荘
長野県長野市松代町東条3541／電話026-278-2596

関東近郊でとても評判の高い温泉は、長野の松代にある「松代荘」です。皆神山、この名前を知っている方は、歴史学者や古代ミステリーに関心のある人でしょう。この山の地下30ｋｍには不思議な発光体があるといわれており、また皆神山の近くの松代温泉は、実は生命保険会社が密かに交通事故の方の回復のために紹介する、治療効果の高い温泉です。

ここの温泉は骨のズイまで効きます。

〈静岡県〉　伊豆山温泉　うみのホテル中田屋
静岡県熱海市伊豆山599／電話0557-80-5111

ここまで紹介してきた温泉は山中の秘湯が多かったのですが、こちらは海を一望できる、風景リッチな温泉です。

創業は200年と古く、日本三大古泉の名湯「走り湯」として1300年の歴史を誇ります。泉質はナトリウム・カルシウム塩化物泉で美肌効果があります。広大な海を眺めての木製展望露天風呂が気分を爽快にしてくれます。こちらの食事は海が目の前で鯛やヒラメ、アワビなど新鮮魚類が堪能できます。専用露天風呂は3室だけですので、早めの予約が必要です。

〈千葉県〉 船橋温泉　湯楽の里

千葉県船橋市山手3丁目4-1／電話047-495-2626

一大観光スポットであるディズニーリゾート。楽しいアトラクションが多数ありますが、その疲れを癒やす隠れスポットとして利用してみたいのがここです。

天然ナトリウム・塩化物温泉で、すなわち一見海水のような感じですが、さにあらず。カテゴリーからいえばスーパー銭湯なのですが、ディズニーリゾートのすぐそばなので利用しやすく、温泉宿にはないゲルマニウム岩盤浴もあります。韓国式あかすりエステなどもあるので、利便性と遊び疲れの癒やしには、もってこいの所です。

〈岐阜県〉 奥美濃神明温泉　湯元　すぎ嶋

岐阜県関市板取4838／電話0581-57-2532

人気ブロガー鹿児島UFO氏の本「地球維新・解体珍書」にも掲載されている秘湯です。

この本によれば、この温泉は岐阜県では珍しいゼロ磁場温泉だとか。

私もこの本をきっかけに訪れてみましたが、大変に趣のある重厚な古民家風一軒宿でした。

源泉掛け流しはもちろん、野天風呂、貸し切り露天風呂など8種類の浴槽が用意されており、いろいろ楽しめました。囲炉裏や薪ストーブなどもあり、クラッシックでありながらモダンな雰囲気も楽しめます。お料理は奥美濃の川魚、山菜、地元の野菜などを使用した、ヘルシーで滋味あふれるメニューとなっています。

板取の地は紫陽花が有名で、梅雨時期に訪れますと、すぎ嶋に至る道は紫陽花街道となっており鮮やかです。

旧板取村の秘湯です。新しい地殻変動でゼロ磁場化しており、八ヶ岳唐沢温泉や、広島仙酔島の温泉までいかなくても、その効用を得ることができます。

中京圏にお住みの方、ぜひ、一度といわず何度も訪れてみてくださいね。

九、美容と若返りにおすすめの温泉

〈鳥取県〉米子皆生《かいけ》温泉

バスガイドさんのグループで、美容効果がある温泉のベスト10を選ぶと、必ず3位以内に出雲の近くの米子皆生温泉が選ばれます。

大神山富士が白く輝く大山《だいせん》は、古代のロマンがひしひしと感じられます。歴史上の作家たちも、この温泉に入り夢を語ったのです。

〈群馬県〉四万温泉

もう一つ、ガイドさんたちが選ぶ温泉に、四万温泉が上げられます。

四万温泉、入浴料が四万円ではなく、四万人に愛された温泉という意味。この温泉はCA《キャビンアテンダント》さんにとても人気が高いから不思議です。やはり、美容に有効だということでしょう。

行ってみて感じたことは、自分自身をよく考える時間が取れる所だということです。人生再出発の時にも、ぜひおすすめいたします。

〈岡山県〉奥津温泉　みやま荘

岡山県苫田郡鏡野町奥津川西247-2／電話0868-52-0409

奥津温泉は、全国的に美肌の湯で知られている良質なアルカリ温泉の一つ。源泉100％の掛け流し温泉です。

夏場はヤマメ料理が美味しく、秋は清流と紅葉の対比が美しい温泉です。こじんまりとした宿ですが、近隣には吉井川の清流があり、奥津渓は一度行ったら忘れられない美しい紅葉が満載ですので、写真好きにおすすめの撮影スポットも多数あります。10月下旬～11月中旬が紅葉の見頃です。

〈栃木県〉大田原温泉　ホテル龍城苑

栃木県大田原市中田原593-3／電話0287-24-2525

お湯の量が多く、美肌の湯として知られる大田原温泉の中でも、特に地下1000メートル付近から毎分220リットルの豊富な源泉を掛け流している贅沢な温泉です。

部屋付きの檜風呂もおすすめ。家族風呂としてはリッチすぎる設備です。休前日になりますと少々お値段が張りますが、露天風呂付き客室もおすすめです。孫と一緒に入りたいご年配の方々のニーズにも応えられる、客室付き風呂の存在は見過ごせないメリットです。

〈群馬県〉　宝川温泉　汪泉閣
群馬県利根郡みなかみ町藤原1899／電話（代表）0278-75-2611

2014年に最高の興業収益をもたらした邦画「テルマエ・ロマエⅡ」のロケ地としても知られる、風情豊かな温泉郷です。映画に使われるだけあって、本当にロケーションが良い温泉です。

公式サイトによると、宝川温泉は民話の時代、日本武尊《やまとたけるのみこと》が東国征伐の折り当地に寄り、武尊山《ほたかやま》に上られましたが、病に伏せってしまい困っていると、はるか下界より白い鷹の飛び立つのを見つけました。その地に立ち寄ってみると温泉が湧いており、そのお湯に浸かると病が治り、旅を続けることができたと伝えられています。

このため宝川温泉はその昔、「白鷹《はくたか》の湯」と呼ばれていました。神々とご縁のある温泉は多々ありますが、人間から神になる、すなわち神上がりされた方の逸話が残る温泉で入湯するだけでも御利益がありそうですね。

お料理はキノコや川魚を使った趣あるもの。混浴露天風呂「子宝の湯」もあり、この混浴シーンは「テルマエ・ロマエⅡ」のラスト付近のシーンに使われています。至福の空間がそこにはあります。

〈大分県〉 地獄谷温泉

大分県別府市鉄輪559-1地獄組合／電話0977-66-1577

自噴している温泉を別名「地獄」といい、地獄と名のつく温泉は全国に点在します。ですがここは、その地獄の中の地獄――褒め言葉ですのでご注意くださいませ。すばらしい温泉という意味です。血の池地獄、かまど地獄、白池地獄、鬼山地獄など、物騒な名前ですが、それぞれ人気の高い温泉です。

8ヶ所ある温泉をまわることは「地獄めぐり」と呼ばれ、個別で行くよりも共通券を使うほうがお得です。まわる順の一例として、海・鬼石坊主・山・かまど・鬼山・白池・赤池・竜巻などがおすすめです。最低2時間はかかるので、時間に余裕を持ってまわるといいでしょう。

第2章　中今のひとりごと

一条　太陽フレアと地球異変

スマトラ大地震での学び

スマトラ大地震はM《マグニチュード》9で、広島に落とされた原子爆弾の2万発分の破壊力があったといいます。

アメリカの大型ハリケーン、そして世界各地での大地震と、まるで地球そのものが目覚めたように動き出しています。この大変化は今後も続きます。その原因の一つとして、太陽の活動と深く関係があるようです。すなわち太陽フレアと呼ばれるものです。

15年前に比較すると、次のような変化がありました。

A　太陽の明るさ1000倍

B　太陽のエネルギー出力2・3倍

C　太陽のフレア放射3倍

これは科学データとして発表されており、紫外線の強さだけではありません。

この件で興味のある方は拙著『地球大改革と世界の盟主』（明窓出版）をお読みください。

二条　観光とは光を見ることなり

世界の観光立国日本

日本を、観光立国の第1位とまではいかずとも、第5位にすることは十分に可能です。それには温泉大国としての環境保全と、国と自治体が協力して、温泉事業を行うことでしょう。観光産業振興として、環境庁主管の下で行うことが必要となります。

一、まず、日本の浄水場をすべて、最新式の浄化水システムにする。（塩素消毒なしで、水道管もすべてセラミックパイプにする）

二、観光地にダムや道路工事規模の助成金を与え、日本１００景観光条例を作る。

三、事業税、所得税の３％を観光予算とする。同じく観光地では消費税０％とする。

四、会社の福利厚生費として、年間一人60万円の旅行代を観光経費として認める。

三条　占術より温泉へ行こう

人生すべて占いで決めるなかれ

以前、「ズバリ言うわよ」で有名な大先生が毎週ＴＶに出ていたときがあり、そのすばらしい人生論は、とても勉強になりました。

一億三千万人がすべて六星占術通りに動いたら、全員幸せになれますね（笑）。されど噴火や大地震などの例を挙げるまでもなく、たとえ六星占術で運気が良くても自然災害には負けます。

だったら、週末や連休に旅をして温泉に入り、身も心もリフレッシュするほうが大切ではありませんか？

また、家族連れもいいですが、たまには一人で旅行してみてくださいね。

そして、占いより自分の努力が大切なことを忘れないでください。人生の羅針盤として占術を使用するのは結構ですが、「**使用者責任**」を取って行動することです。

人生は小説より奇なり、変じて「占術より奇なり」。

四条　人相とは心の表現、そして脳相なり

成功者共通の意識の持ち方

昔、観相家の大家に「水野南北」という人がいました。

自分の運の悪さを人相家に見てもらったところ大凶と言われ、食生活を変えたら人相が良くなり、その後「人の運命は食で決まる」という思想を世に残した人です。

顔が穏やかな人は、実は脳もしっかりしているといいます。ある財界のパーティーに参加して、ふと気づくことがありました。成功者に共通するシグサと品格です。

成金社長やＩＴ社長などと、50年以上の歴史のある会社の社長たちとは、なにが違うのでしょうか？

ズバリ、人相の品格が違うのです。

人相そのものよりも、相の奥にある脳の意識のあり方が、凡人と違うのです。

成功者共通の意識の持ち方はただ一つ。**常に命がけであることです。**

五条　女らしさとは

恋愛して、結婚して子どもを作る

最近よく独身女性が多くなったと聞きます。それで少子化も進みます。結婚はしなくても子どもが欲しいという女性は58％もいるそうです。

本当は、女性は次のようであってほしいものです。

一、結婚して子どもを作り、家庭を持ち、夫と子どもの食と教育などについて良き環境作りをすること。

二、女性は本来仕事をせず、家庭にいるだけで生活できるべきです。今は二人で仕事をしても豊かな生活ができず、これはすなわち政治が悪いのです（故に今の政治を変えるのは、女性の仕事です）。

三、男が会社で仕事する分、ゆとりある時間で教養を身につけて、子どもを教育でなく徳育をもって育てること（金と時間を上手に使ってこそ人生）。

六条　食は命なり

大和魂と民族の誇りは食事から

人相も運も食事で決まると私はいつも話していますが、肉食中心の人と米食中心の人とでは、血液の硬化も精神の状態も違ってきます。

日本人は長きにわたり、穀物と菜食だったゆえ穏やかな性格でありましたが、西洋的に肉を食べるようになってから、病気が増え、精神的にも弱くなったと思われます。もし米を主食としなくなったら、この国の魂はどうなるのでしょう？

食は命ゆえ、そして米を食してこそ、日本人としてのらしさが形成されるのです。

パンやパスタや冷凍食品では、魂の栄養は摂れません。現代の栄養学でいえば、江戸時代の人は全く栄養不足でした。されど60ｋｇ（一俵の米）を持ち上げ、現代人よりも体力も精力もありました。江戸時代にはアスレチッククラブもなかったはずです（笑）。

疲れたときは温泉に入り、大自然の生命元素を、大自然のエネルギーとして取り入れましょう。

七条　言霊《ことだま》と脳について

ありがとうございます

世界の言語の基はすべて、日本のカタカナが原型であるという理論があります。そしていい言霊を発すると、良いエネルギーが出ると。

近ごろよく「ありがとうございます」という言葉を目や耳にします。いろんな所にシールが貼られ、私も知人にＴＥＬすると「ありがとうございます」の連発です（笑）。

あるとき、ふと思ったことがあります。

青少年の犯罪の動機のうち60％は、人からバカにされることと、自分を認めてもらえないことだそうです。そして殺人をする子どもは、必ず自分も「死ぬほど」バカにされています。すなわち、言葉がどれほど大切かということです。

そして「なにが良いか？　悪いか？」という判断は、小学校で教わるのではなく、10歳までの家庭での両親、特に母親のシツケや愛情で決まります。

10歳までは親子で一緒に風呂に入るか、せめて露天風呂にて家族全員の集いをしてください。

八条　人生は旅ならば、どこへ行く?!

必ず人間は死ぬのです

綾乃小路きみまろの世界ではないですが、『必ず人間は死ぬのですね』。

ですので、人生を後悔しないように頑張ること。

たった一度の人生です。

この今の瞬間を、過去や未来にこだわらずに精一杯生きることを「中今《なかいま》」と申します。

「今を創造し
今を選択し
今を生きる」

このことを決して忘れないでください。

そして、限りある人生ゆえすばらしいのです。人生50年から人生85年になり、そして将来１２０年という寿命が与えられても、「寿《よろこ》ぶ命《いのち》」がそこになければ、生きている価値がありません。生かされて生きてこそ、人生ですよ。

九条　私の仕事とラジオ出演

今ここに生きて

温泉をテーマとしてラジオ出演した際、ふと気づいたことがあります。

聴くことの大切さを知ったのです。

TVやパソコンは映像として情報が入ってきますが、音は目に見えない分、会話の内容の真偽が問われます。

私たちは日常の生活に追われて、大切なことを聴く時間もなくなってきました。

鳥の声、虫の声などは、みなさまの生活環境の中では、カラスの声は聞いても大自然のハーモニーは全く聞けなくなっているはずです。

人生、旅をして温泉に入り、大自然とたわむれること。

それは、人間が本来持っている「**命の響き**」と共鳴するための、生命回帰の働きです。

私は宇宙に想いを抱き、大自然と共に生きることで人間の天命を知ることができ、自分の存在をより高尚にすることができると信じています。

万巻の書を読んで学ぶことより、大自然と一体になり、地球の生命リズムと共鳴して生きる道が大切ですね。

十条　人生とは生きるという悦びを問うこと

悦びは悦びを生む

人生の目的を、みなさまは考えたことがありますか？

先日、聖徳太子が書いた、人生の成功哲学の奥義と呼ばれる1冊の本を夜中に読んでいましたら、最後のところに「人間は本来幸せな人生を望むように生まれ、生かされている」と書いてありました。そして宗教とは本来、「人間学」であると。

人間が生まれてから死ぬまでに関係するすべての事を、あらゆる側面から教える学問が「宗教」だと。「そして信ずべきは自分自身、神は人を救わない」と書いてありました（笑）。

みなさまの中に神仏や信仰がなくても、等しく人類は生かされており、日々生きているのです。

「神とはすなわち大自然の法則です」

そして、**温泉に入ることは、大自然を通じて神の存在を知ることなのです。**

大自然と神仏、そして日本人の天命について知りたい方は、拙著『日月地神示—黄金人類と日本の天命』（明窓出版）を読んでみてください。

第3章　風水と数霊で開運しよう

《風水にて開運（弘観道風水術初伝）》

すべてに働く風水法則

ＴＶや雑誌で「風水」が話題になって久しいですが、Ｄｒ．コパ氏のインテリア風水から、本場中国香港の風水まで、すっかり開運の一つの方法となっています。

昔、世間を騒がせていた野村沙知代氏は、トラブルの原因は風水をしてからだと言っていました。

では、あらためまして、「風水」とはいったいどんなものなのでしょうか？

これは正式には環境地理学という学問であり、歴史は古く、古代中国において、時の帝王が自ら都づくりのために活用したものでした。

日本でも京都御所を中心とした京都をはじめ、徳川家康が江戸に幕府を作ったときにも、「天海僧正」という僧と風水学的に都市づくりを行いました。その他、日本中至るところに風水を応用した都市や街づくりが見られます。

『東京龍』なる風水の映画が上映されたこともありましたし、一時の気学や占いブームを越えて、今や「風水」は定着しています。

私も温泉の磁場調整をしてきましたが（温泉は多くの人々の安らぎ、すなわち「まほろば」です）、これまで何百件もの個人・法人より風水を依頼され、行ってきました。

私は、「風水」とは、人間を含むすべての気（風）と、そのエネルギーの方向（水）を調整することだと考えています。

風の通りが悪く、水の流れが悪いと、人体に例えれば病気となり、つまり家や土地に邪気が多くなります。そのマイナス・エネルギーが浄化されていなければ、その土地に住む人間に大きな影響を与えることは必然のことです。

風水は風水盤を使った砂盤派と、使わない風景派とに分かれていますが、プロの立場から言わせていただくと、一番大切なのは「気の脈」であり、それが見えなければ本当の風水はできません。香港には2万人近くの自称風水師がいますが、私から見て一流のプロというのは10人くらいでしょう。

気学や家相も大切です。四神相応の働き（青龍—東・朱雀—南・玄武—北・百虎—西）などが、風水の基本とされていますが、私から言わせもらえば、あまり関係はありません。なぜなら、今の時代に四神がいたとしても、相談者が理解できなければ意味がないし、風水に100％こだわってみると、100％いい土地、いい家など10万軒に1軒くらいなものです。

ヘタな風水をするならば、空気清浄機を1台部屋に置くか、部屋の風通しを良くし、台所やトイレの水回りをきれいにするだけで十分効果があります。また、家の近くに塩や炭を埋めたり、部屋に置いてもいいのです。

しかし、そこに住んでいる一人ひとりの想念エネルギーが悪ければ、いくら風水をしても「元の木阿弥」です。


私は、風水が生活に入り込んでいる背景には、様々な社会現象があると思っています。トイレにはトイレの神様が住んでいますから、トイレをきれいにするといいことがある、などの話は温故知新、当たり前のことです。

正しい食生活をしていればなんら問題がないのに、ビタミン剤を摂って補給しなければならない身体。自ら住環境を変化させ、また変化せざるを得ない環境の中で生活しているからこそ、風水を必要としている人々が増えるのです。

家相が悪いからと家を直し、人相が悪いからと整形をし、姓名判断で名前が悪いからと改名する。方位が悪い、今年は年廻りが悪いからなにをやってもダメ、etc・……。

人間とはそんなに弱い存在ではないはずです。

確かにこの世の中には色霊、数霊、言霊、音霊の四つが作用してすべての三次元の現象を司っていますが、私は、人間はすべての条件を変える力を持っていると信じています。

ですが、私の経験から一言！

①エネルギーの法則と、②時間の法則、③因果の法則、この三つの原理がすべてを動かしていることは事実です。

私の考える「開運」とは、不足しているエネルギーを効率よく取り入りること、そしてそれを働かせること、これすべての原理は宇宙法則通りです。

すなわち、風水とは、森羅万象に働く宇宙法則のことをいうのです（宇宙一切の森羅万象を衆妙といいます）。

風水一般論

*風水基本編

風水の基本は実に簡単です。四神相応といい、東に青龍、西に白虎、南に朱雀、北に玄武に守られた土地が最も安泰であるというのがその根本です。

具体的にいえば東には河、西には道、南に池、北には丘陵ということになります。

これをさらに発展させたものが風水術となるわけですが、現在では都会でそのような環境を望むことは不可能に近く、個人の家を考える上でもかなり無理があります。

そこで現代の風水は、例えば河川のかわりに大きな道路、丘陵のかわりにビルを代用したりします。つまり、基本的な考え方さえ間違っていなければ、風水の教えとは、絶対的なものではなく、かなり応用がきくということなのです。

普通、風水は家を中心に考えます。けれども、家を中心に考えるとどうしても改築等、大変な労力が必要になります。そこで、本書では、基本を部屋に求めることにしました。あなたが家の中で一番よく使う部屋、または寝室で考えていただければ結構です。

＊部屋の中心を求める

まずは部屋の中心を求めましょう。中心はできるだけ正確に求めてください。
しかし、部屋は正方形や長方形とは限りません。
そんなときは厚紙に縮小した見取り図を描き、それを切り抜いて下から鉛筆や指で支え、バランスのとれた点を中心とします。少々面倒くさいですが、中心を正確に求めておかないと、部屋の各方位に誤差が出て、せっかくの風水術を施しても意味がなくなってしまいます。

中心を求めたら、その部屋の中心に方位磁石を置いてください。風水の方位は、大雑把な方位ではなく、方位磁石が示す正確な方位を必要とします。方位磁石は、大きな文房具店やホームセンターの日曜大工のコーナーで購入できます。

ここで注意していただきたいのは、方位磁石が正確に北を指しているかどうかです。部屋の中にはテレビやクーラーなど、多くの電気製品があるはずです。また、部屋の外にも大きな電磁気を生じるものがあります。磁石はそれらの影響を受けることがあります。

磁石の針の動きがおかしい場合は、それら周りの電磁気に針が左右されないかしっかり確かめてください。

さて、これで部屋の方位が求められました。まずは、北東の方向に注意してみてください。

＊鬼門を知る

北東は「丑寅の方角」といい、鬼門として恐れられている方位です。使い方によっては幸運に転化することもできますが、この方角に玄関や窓があると財は逃げ、運気は衰退するといわれています。大切な物はこの方角に置かないことを、頭に入れておいてください。

しかし、玄関や窓がこの方角にある場合は、どうすれば良いのでしょう。窓なら厚手のカーテンをかけて、必要以外はなるべく閉めておくようにしてください。玄関なら正面に鏡を置き、不吉な「気」をはね返すように工夫します。窓と同様、開け放しは極力避けましょう。

そして一番大切なのは、必要以上にきれいにしておくことです。凶の方角こそ、吉の方角以上に清潔にしておかねばなりません。玄関に靴が脱ぎっぱなしで散らかっている等は、もってのほか。

一軒家なら、外に毎朝打ち水をするのも有効な手段です。

＊トイレ、浴室は清潔に

鬼門のついでにいえば、トイレ・浴室はどの方角にあっても運気を下げます。

「それじゃ、トイレなし・浴室なしの生活をしろと言うのか」とお怒りになるかもしれませんが、結論から申し上げればそのとおり。昔はトイレも浴室も、家とは別に離して作っていました。

しかし、現代にそんなことを求めても無理に決まっています。

それではどうするのか、答えは一つ。清潔にするしかありません。

トイレ・浴室は、いつもきれいに。

なんだか風水らしくありませんが、これは大切なことなので、ぜひ、心がけてください。

＊中心はパワーの源

それでは中心について、話を続けましょう。

方位磁石を置いた位置、この部屋の中心を風水では「大極」といい、パワーがバランス良く貯まる場所とされます。例えば、考え事をしたいとき、この場所に腰を落ち着ければ、きっと良いアイディアが浮かぶことでしょう。

健康のためにもこの「大極」は活用できます。この場所に立って、心を落ち着かせれば、日頃のストレスからも解放され、身体全体にバランス良く「気」が巡ります。

運気を高めるためには、この場所に水を置くのが有効です。「気」の道を作る龍は、この場所で水を飲むからです。理想的なのは、この場所に大きな水槽を置くことでしょう（水槽の水は小まめに取り替えてください）。それが難しい場合は、水をコップに入れて置いておくだけでも効果はあります（この場合も、水は小まめに取り替えること）。

＊電気製品を吉方向に

さて、各方位についてですが、具体的に願い事がない場合、電気製品を自分の吉方向に置くことをおすすめします。

先に述べたように風水のパワーは、「気」に由来しますから、電気製品で人工的に「気」を発生させるわけです。テレビ・オーディオ・クーラー・冷蔵庫などの電気製品を、自分の吉方向に並べておくと、かなり強烈なパワーに守護されることになります。

また、自分の吉方向に頭を向けて眠ることも大切です。すべての電気製品を吉方向にレイアウトするのは、いろいろ無理があるでしょうが、例えば吉方向の枕元にオーディオや電話を置くだけで、二つの要素が重なり合って強運がもたらされることになります。

*早起きは三文の得

以上が基本的な風水の考え方です。そして、そのパワーの正体である「気」には、1日のバイオリズムがあります。

午前0時に発生した「気」は、午前8時から正午までに育ち、やがて衰えていきます。つまり朝は、新鮮な「気」が最もみなぎる時間なのです。特に、午前4時から8時までは「気」が育つ時間帯。この時間に行動を起こせば、それだけであなたは地球の偉大なるパワーを享受しているといえるのです。

*風水を学問として見る①

風水学という言葉を初めて聞く方もおられると思いますので、ここで一般の風水学の概念を簡単に説明します。

最初に人類の歴史を考えると、大気の動きによって生じた天候状態の異変によって、多くの文明の栄枯盛衰を見ることができます。それは、地球という惑星における生活が、晴れと雨のバランスの良い交代、つまり天候の安定があることで食糧を確保でき、万物すべての「生」を営めることを示しています。

冷害・干ばつ・猛暑によって食糧不足・飢餓が発生し、それが原因で起こった戦争で多くの国が滅亡し、新しい支配者が出現してきた歴史は、枚挙に暇がありません。

万物の「生」のキャスティング・ボードを握っているのが天気ということになります。

その天気を左右しているのが、風水学では「風」そのものなのです。なぜならば、「風」は雲を動かし雨を呼ぶと考えられているからです。そのことから、農耕中心の社会体制であった古代中国では、「風」の動きは最も気になるものでした。

もちろん「風」自体に形はありません。「風」は目に見えません。しかし、存在します。「風」は、地球のあらゆる所に吹いています。暑い国・寒い国・砂漠の多い国・牧草の多い国・高地の国・低地の国にも、国境に関係なく自由に吹いています。

故に「風」は、世界中の国々を知っているのです。そこに生活している多くの人間の生きる姿を知っています。

また「風」は、地球全体を包み込むことができ、地球のすべての生き物に空気を提供して、生命を維持させています。そのことから古代中国人は、「風」を生命現象の象徴としてとらえていたのです。

それでは、なぜ「風」があるのでしょうか？　それは、古代中国人にもわかりませんでした。しかし、すべての万物が呼吸しているように、天地も呼吸しているはずだ、と古代中国人は考えたのです。「風」はまさに、天地の息吹だと思ったのです。そのことを『荘子』斉物論篇では、「夫れ大塊《だいち》の奥氣《おくび》は其の名を風と為す」と表現しています。

さらに『准南字《えなんじ》』の中にも「天は気を吐く」という言葉があります。吐き出された天の気（息吹）は「風」となります。「風」は雲を動かし、雨・露・霧となって地上に降りかかります。地上では、いろいろな天の気を受けて、万物を成長させます。大地には、目に見えない天の息吹のリズムを受け入れ、気を含む役目があると考えたのです。天地の存在の意味は、天の気を含むためにあるのです。

天↓気を吐く↓風となる↓雨・露・霧となる↓大地に降り注ぐ↓万物を生成

＊「風」と「水」が天地の生命エネルギー

古代中国人が「風」そのものに格別な信仰を持ったのは、「風」が万民に対して平等であるからです。「風」は支配者のように人を差別することなく、心地よく万物の成長を見守ってくれているように思えたからです。

そのようなことから、すでに殷時代には「風」を司る東西南北の四神、龍神のお祭りがあったことが歴史的に確認されています。

一般の風水学では、「風」は天の気の象徴であり、天候・気候を支配していると考えています。もちろん「風」が主、「水」が従の関係になりますが、この二つが一つになって、万物を生成・成長させていると考えたのです。それを仮に生気、あるいは生命エネルギーとしておきます。大地はすべて天地の気を受けており、地中には万物を成長させる生命エネルギー（生気）が龍脈（東洋医学でいう経路にあたる）を通して流れていると考えています。

特に、この龍脈を通して流れている生命エネルギーの集まるポイントを見つけ出して、感応する術が風水そのものです。このポイントを龍穴といいます。鍼灸医学では経絡（ツボ）に相当します。

*風水を学問として見る②（環境地理学として）

一般の風水学では、山の頂上には「龍神」が住んでおり、その「龍神」の威力ある生気は龍脈を通して、山のふもとまで流れているとします。龍脈は、人が多く住む平野部にまで下がっています。そこには龍穴（鍼灸医学のツボと同じ）という威力ある生気が集中している所があり、そこに家を建てたり、墓を造ったりすれば「龍神」のパワーと感応して子孫は繁栄すると説いています。

その龍穴を探し出すことが、風水師の役目です。

龍穴の場所は、一般の風水学では、東・西・北の三方が山に囲まれ、南側は開けており、そして東から川が流れている所に龍穴がある、と教えています。いわゆる「四神相応」の場所が龍穴です。

「四神」とは、中国の伝説の「龍神」のことです。古代中国では、東西南北の大地の四方には、風を操る「龍神」がおり、殷時代には、この「龍神」を祀って豊作を祈願する儀式がすでに行われていました。

この「四神相応」の地、「龍神」の最も強いパワーを受けた龍穴に、古代中国の皇帝の住まいや御陵があり、今も西安・北京・南京などにその遺跡が多く残されています。それらが徹底した風水学の研究から造営されたのは、当然のことでしょう。

その風水学も、前漢以降、陰陽説・五行説・三歳思想の影響を受け、そこから天干説・地干説・八方位・二十四方位などが考えられ、羅盤・八卦牌などの風水の道具も完成しました。しかし、そのため、風水学というより易学に近い状態となってしまいました。

現代でも、出版されている風水学の解説書のほとんどが、易学の四柱推命のように説かれています。例えば、運気はどのようにすれば良くなるのか、という問いに対して、その人の生年月日を参考に、マンションや家の間取りや方位を考えて結論を出しています。このように、風水学を家相の部類に入れてしまっているのが現状なのです。

しかし、本来の風水学は、自然界の原動力、天地の「生気」とどのようにすれば感応できるのか、を追求した学問です。決して、易学や家相ではないのです。

現代的に言えば、自然環境と人間生活が、どのようにすれば、良好な関係を構築できるかを考える学問が、風水学なのです。

以下、簡単に風水学の特徴をまとめますと、
①天地の気、すなわち地中に生命エネルギーを読み取る学問である
②地中の生命エネルギーを読み取り、住居・都市・墓地の立地を考える学問である
③自然と人間生活の協調を考える学問である
④自然保護の立場に立脚している

また、風水学の技術を利用する場合、二つの方法があります。

一つは住宅やビルを対象とした陽宅風水。これは、ニュータウンの建設の際にも利用されます。

もう一つは、例えばお墓を建てたいとき、その墓地の選定に利用するもので、こちらは陰宅風水と呼ばれています。

中国・韓国・沖縄では、陽宅風水のほうが盛んです。

そして、陰陽の他に、風水学は二大派に大別されます。

一つは古代の方法に忠実に従う流派であり、羅盤などの道具を使用せず、土地の地形や土地の質を観て龍穴を探す風景派（弘観道）です。

もう一つは、砂盤などの道具を併用して判断する砂盤派です。この流派は比較的新しく、易学の影響を受けています。

＊風水術で人の心は思いのまま？

「自分の左に相手を置くと、相手のペースにはまってしまう。右に相手を置くと、自分のペースに相手をはめられる」

これは、風水術を応用した人心操作の奥義です。この術の種明かしは、いたって簡単。心臓の位置を考えればすぐわかります。心臓の方向、つまり左側に相手を置けば、なんとなく落ち着けかなくなり、左側にいる人の言いなりになってしまいます。テーブルに座るときは、この位置関係を覚えておいてください。これは営業や、恋愛などにかなり応用できますから、あなたのアイディアで上手にご活用ください。

＊美容について

美しさやカッコよさは、時代によって変化するものです。そしてそれは、異性の目から見てどう映るか、ということが重要になります。

同性から見た美しさ、カッコよさもありますが、ここではあえて省略することにして、いわゆる「もてる」ための外見を作る風水術をお教えすることにいたしましょう。

東と北を使った風水術です。これには浴室を利用します。浴室の東にサボテンを、北にはポプリを置いてください。

入浴はぬるめのお湯に時間をかけて浸かり、足が東の方角に向くようにします。

銭湯に行ったときは、必ず電気風呂に入るようにしてください。入浴剤や石鹸は青色のものを選ぶとベストです。

充分な睡眠を取ることも大切な条件です。枕は西に向けるのが最良でしょう。赤色か黄色のパジャマを着ることもおすすめします。また、急にイメージチェンジで意中の相手を驚かせたいというときは、前日に枕を北に向けて眠るのが効果的です。

部屋には、北の方角に高貴な女性の肖像画（例えばマリー・アントワネット）や絵画（例えばモナリザなど）を飾ることも有効な手段です。そしてその肖像画を毎日眺めてください。

部屋の鏡は大きなものを選び、使わないときは布をかけておきましょう。

＊鏡で殺気を反映させる

気は鏡によって反射されるという性質があります。ですから、殺気のある方向に向けることによって、邪気を外へ反射することができます。また、狭い空間を拡げて気を動かすのも、鏡の良い使い方といえます。

しかし、一部屋に一つの鏡は良いのですが、二つ、三つあると場を乱しやすくなります。

鏡は気を動かす大きな力を持っていますので、鏡を多く貼ったビルなどは大きく気を動かし、かえって周囲を不安定にする殺気を放ってしまいます。窓に鏡を貼ったビルはそこに写ったビルの気を乱し、写ったビルの中の人の気も乱してしまいます。

寝室に鏡があると夜でも気が動き、深く眠れなくなったりします。不眠症の人は、絶対に部屋の中に鏡を置いてはいけません。都会の人は、夜でも外の光が室内に入り、鏡に反射します。夜でも気が動きすぎて眠れなくなったり、疲労が回復しない原因となります。

また、他家の玄関や門に向けて鏡を配置すると、その家の人の気を乱して弱めてしまい、人間関係が悪くなります。暗く日当たりの悪い部屋には、明るい照明と鏡を用いて気を活発にするのは良いことですが、夜眠るときは鏡になるべく布をかけましょう。

また、鏡やガラスが曇っていると気を乱します。常に磨いていないと、良い気を取り入れることができません。ショーウィンドウや窓が曇っていると、生気や財産を呼ぶことはできません。常にきれいに保つことで、気を呼び込むことができます。

＊炎は悪い情報の気を消滅させる

波動を転写した水も、熱すると情報が失われたり、弱まったりすることが報告されています。空間に浮遊する水分子に記憶されている情報も、熱によって消すことが可能と考えられます。ですから、邪気を感じる所、陰気な場所でロウソクなどで火を灯せば、邪気を消すことができます。

水の浄化がいわゆる「水に流す」、つまり移動であるのに対し、火の浄化は、灼き尽くし消滅させることに特質があります。この違いは覚えておいたほうがいいでしょう。

地球の定常周波数で最も優勢なものは10Ｈｚですが、ロウソクの炎のゆらぎの周波数も10Ｈｚが優勢です。これを見つめているとアルファ波の脳波と同調し、脳内でアルファ波が誘発されます。

＊とにかくお金持ちになりたい

「半信半疑で試してみたら本当にお金まわりが良くなった」と最も反響があるのが、風水術におけるこの願望の特徴です。

基本的には西が金持ちの方角であり、それさえおさえておけば金運は良くなるでしょう。そして西と呼応する黄色を重視することです。財布を黄色にして、西の方角にしまっておくだけで、金運は自然とアップします。

ここでは、究極の金運アップ風水術をお教えすることにいたしましょう。西、北東、東南を三角形で結ぶ「三角形の大金運術」です。部屋の西には黄色やオレンジの花を、北東には白い花を、東南には青い花をそれぞれの台の上に飾ります。やることはそれだけ。これで不思議なほどお金に困らなくなるのですから、驚きです。さらに理想的なのは、部屋の中に作られたその三角形の真ん中で眠ることです。

それでもまだ足りない、お金持ちではなく、大金持ちになりたいのだという人には、東の方角を使ってもらいましょう。東に玄関を置き、クーラーやテレビなどの電気製品はすべて東に置くこと。「そんなにお金のかかることを?」なんてボヤかないでください。大金持ちになるためには、それくらいの投資は必要なのです。

＊もてるようになりたい

決して美人ではないのに男性にもてる女性がいます。逆にすごい美人で性格もいいのに、なかなか恋人ができないという女性もいます。

なぜかもてないと悩んでいる人は、まず部屋の西の方を確かめてください。ゴチャゴチャといろんな物が置かれていませんか。これではせっかく恋愛運があっても上手く働きません。まずは、西を整理整頓してください。

後は、北、西、南の「恋愛三角形」を作ります。それぞれに小さな石を置き、その上に観葉植物を置きます。種類はソテツ、バショウ、オモトなどが理想的です。なお、サボテンは避けてください。

そして、あなたが性的魅力をアピールしたいのなら北に、フレンドリーな魅力をアピールしたいのなら西に、アダルトで知的な魅力をアピールしたいのなら南に、他の二方位よりも大きな観葉植物を置くようにしてください。同じ大きさのものを二つ以上置いてもかまいません。

また、常に部屋の中を清潔にして換気を心がけることも、もてるための絶対条件です。

ファッションのワンポイントには赤色を。そして、髪の手入れは入念に行ってください。最近では朝にシャンプーをする「朝シャン」が若い人に定着しましたが、これは風水的に見て、もてる運気を高める習慣です。

アルファ波が優勢になると鎮静作用もありますから、生命場の低い所にロウソクを灯し、それを見つめる習慣を持つことは心身の健康に寄与します。

＊木炭は脱臭・磁場調整に活躍

市販の浄水器に木炭が使用されており、水道水中の塩素などを木炭の穴が吸着することは、すでに多くの人が知っているでしょう。また、冷蔵庫の脱臭剤に活性炭が使われていることも、よく知られています。木炭には細かい穴が無数にあり（このことを「多孔質」といいます）、そこに余分な水分や有害な化学物質を吸着する力を持っています。

ですから、床下に敷き詰めれば、脱臭や除湿を自然に行うことができます。またその副作用として、害虫を発生しにくくすることもできます。さらに、この木炭を大地に埋め敷き詰めることで、土の状態の改善も行えます。

例えば、酸性土壌の土地では植物の育成は非常に劣悪になります。しかし、木炭の多孔質には自由電子（マイナスイオン）が多数存在し、木炭を埋没すれば、木炭の多孔質を通じて土と化学反応を起こすため、酸性土壌を改良することもできます。酸性土壌とは酸化した土のことであり、酸化とは簡単にいえば腐ることです。

人の細胞は酸化すると老化が早く進みます。ですから、酸化を遅らせることがいつまでも若くある方法でありうるのです。私の経験上、酸性土壌の土地に住んでいる人は、老化が早く、また精神的な問題を抱えることが多いといえます。

木炭を埋設することで酸性土壌を中和し、また土と木炭の化学反応による微弱電流が土の状態を調整していきます。また、木炭は天然のミネラルを多く含んでいるため、大地に木炭を入れれば大地は健康な状態に近づきます。

ただし、木炭なら、なんでもいいというわけではありません。多孔質を通しての電気化学的な反応によって土壌を改善しているわけですから、木炭自体の穴が一定、かつ大量に開いていて、電気的性質（電導性）が一定であるほうが効果が高いのです。具体的にいえば、良質の備長炭が一番効果が高いといえます。

最新の風水術では、波動の転写機を用い、その木炭に様々な波動を入りることで、さらに効果を高められます。例えば、家系にガンの人が多かったり、家族に現在ガンの人がいる場合、ガンにかかりやすい波動情報がその土地や家に存在していると考えられます。

そこでガンにかかりにくくするために、インターフェロン波動、陰陽バランス波動、免疫波動等の情報を木炭に入れて埋没することができます。木炭は遠赤外線を発しているため周囲を暖める力があり、土地に作用するだけでなく、人間にも直接作用させることができます。部屋のカーペットの下にシート状にして敷くものや、布団やシーツや枕に木炭を使用した商品が市販されています。これらは健康を増進するのに役立ちます。

＊子どもを非行、イジメから守りたい

「子どもが非行に走ってしまった」
「学校でイジメにあっているようだ」

そんなときには、お子さんの部屋をチェックしてください。

まず、鬼門である北東の方位と、裏鬼門にあたる西南の方位を確認します。扉、窓などが位置していないでしょうか。もしそうならば、その前に大きな本棚を置いてください。そうすれば、鬼門の持つ悪い力は減退します。それでもおさまらない場合は、原因を追及することです。非行やイジメは、周りの者はおろか本人でさえその理由がわからないことが多いのです。原因を正確に掴むことが、改善への大きな一歩となるでしょう。

お子さんの枕が北を向いているなら、身体の不調、北東なら友達関係、東ならおかしな噂、東南なら勉強、西南なら母親、西なら恋愛、西北なら父親のことで、お子さんは心を傷めているのではないでしょうか。これはかなり大雑把な分類になってしまいますが、まずはそれらに問題はないのかを調べてみることです。

また、お子さんの机の左側にハサミやナイフなどがあると、不幸なことが起こりやすくなります。逆に趣味に関する物が置かれていると、学校でも家庭でも穏やかな成長が期待できるでしょう。

＊商売で成功したい

商売で成功するには、あらゆる運が必要となってきます。不動産運、人気運、金運。人を使うことになれば、信頼を勝ち取りその人の才能を最大限にひきだす能力も必要となってきますし、経営の節目では勝負運も大切になってきます。

これらすべてを満たすためにはかなり高度な風水術が必要となりますが、ここでは簡単な「商売成功のための三角形」をお教えいたしましょう。西、東南、北東の力を用います。オフィスやお店の大きさがワンルームくらいの規模なら、高度な術を用いるより、このほうが確実な効果を上げることができるでしょう。

お店の西はレジが理想です。この方位は、お店では収入の玄関になります。入り口もこの方向にあるのがベストでしょう。東南は打ち合わせや接待に利用するスペースです。作業場にも適しています。北東には金庫を置きましょう。販売なら、高価な品物はこの方角に置くといいお客さんがつきます。この方位は貯蓄を意味します。

これらのレイアウトが無理な場合には、西に黄色、東南に青色、北東に茶色の絵や花、置物を飾ってください。なお、北、東、東南に階段があると商売は繁盛します。

＊お香は脳に直接作用する

生命場と香り（匂い）の条件づけについて、興味深い実験があります。ウォーリック大学の嗅覚研究グループが１９８３年に行った実験で、R・ティスランド著『ホリスティック・アロマテラピー』（フレグランスジャーナル社）に紹介されています。

被験者には実験の本当の目的を知らせずに、手先の器用さと理論的な思考を必要とする作業を、一定時間内に終わらせるように指示します。意図的にストレスの多い状況を作るわけです。

作業をしている間に、非常に薄く希釈した香りを染み込ませた紙を、被験者たちの前にピンで止めます。これも被験者に特に知らせずに行います。非常に薄く希釈してあったため、被験者たちは、その香りに気づきませんでした。

そして3日後に、同じ被験者に同じ香りを嗅がせると、皆にストレスが発生しました。その香りを嗅いだことがあるかどうか質問されて、「ある」と答えた被験者はごく少数であったそうです。つまり、香りによって人間は条件づけできるということです。

このように、意識しなくても影響されてしまうのです。

同書には、また次のような実験結果が引用されています。

細部にわたるまで全く同じように作った部屋の片方にだけ、良い香りを気づかない程度に漂わせておき、二つの部屋を比較するように被験者に指示します。すると、被験者は香りに全く気づかないまま、香りのある部屋のほうが、明るくて清潔であると主張するというのです。

良い香りを嗅いで気分が落ち着いたことの経験は誰にでもあると思いますが、気づかない程度の香りでも、部屋の印象を変えてしまうわけです。逆に異臭は脳の状態を悪くしまず。不快感が大脳新皮質の大部分を占める前頭葉の働きを悪くすることは、現代医学においてすでに証明されています。

思考能力、学習意欲は前頭葉と関わっています。臭いは情報として脳に伝わっていきますので、この情報が悪ければ、思考能力や学習意欲は低下することになるのです。

嗅覚刺激による治療はアロマテラピーと呼ばれ、自律神経失調症や心身症に有効であり、ストレスの多い現代人の精神作用を整えることができます。

なお、気は風に乗って移動しますから、香などを焚き、その香りの流れを見ることは、その空間における気の流れを知る手がかりになります。香りに敏感になることは、気の流れを知るための要点の一つと言えます。

ただし、この場合も良いお香でなければなりません。安物のお香では、空間の波動はかえって低くなる可能性があります。

また、エッセンシャル・オイルであれば波動を転写してから、空間に飛散させることができますので、用途に応じて空間の波動調整を行うことが可能です。

*出世したい、トップに立ちたい

これはサラリーマンなど、組織に所属する人に有効な風水術です。自営業の場合は「商売で成功したい」の項をお読みください。

デスクの右側に、青色のファイルや小物を置いてください。これは、東の方位を利用する方法なのですが、オフィスでいくら風水術が有効だからといっても、机の位置を変えさせてほしいと上司に頼めるものではありません。

そんな場合は、デスクの正面方向を北とみなしてかまいません。つまり、デスクの右側は東の方角となるわけです。

東の方位を大切にすれば、組織の中であなたはめきめきと頭角を現し、大きな仕事を成功させることができるでしょう。

また、肝臓の病や足の病は、出世を妨げる原因となりますから、くれぐれもご用心ください。

オフィスの中で北西の方位に位置する人に従い、西南の方位に位置する人を相談役や部下として利用すると、あなたの業績は驚くほどアップするでしょう。西北はトップの人の方位であり、西南は参謀の人の方位です。

ですから、あなたが出世してオフィスの中でトップの地位につけば、デスクをオフィスの北西に移動するのが理想的です。そうすれば部下の信頼は増し、ますます仕事は躍進することでしょう。

＊健康に長生きがしたい

健康に長生きがしたいというのは、根本的な、それでいて究極の願いです。基本的に健康は南の方位が司ります。南のパワーはそれぞれの病のすべてをひっくるめて治癒させてしまうくらい強大なものです。

枕は南向きで、ベッドや布団は部屋の中央に置くのが理想です。そして、南側の壁には成熟した女性が描かれた絵を飾ってください。なお、この絵を飾ると、しばらくしてもっと良い絵を飾りたくなることがあります。しかし、ここで絵を取り替えてはいけません。絵を取り替えると運気を下げてしまいます。

また、玄関や窓に獅子の置物を飾ることも効果があります。この場合、獅子は必ず一対にし、顔が部屋の外を向くようにしてください。

趣味を持つことは、風水的に見て長寿に役立ちます。南という方位は、健康、長寿を象徴すると同時に、趣味や芸能、学問などの象徴でもあります。年老いてもなお、好きな勉強をしたり、習い事をしたりすることは健康な老後を送る上で、必要なことといえます。旅行もおすすめします。

そして、赤色の小物を身につけたり、服装に取り入れることを心がけると良いです。

自分で料理を作ることも、長寿には有効です。

＊水晶は気を吸収・放射する

水晶は鉱物の中で最も水の気を持つものであり、良い気も悪い気も、取り込んだり放ったりする性質があります。水晶ボールを部屋に置くことで、不調和なエネルギーが吸収浄化されます。

ただし、吸収されるだけで消滅はしていないので、2～3ヶ月に1度は水晶自体を塩水に1日漬けておく必要があります。部屋の四隅にぶら下げるのに便利なように、小型のボール状になった水晶ボールが市販されています。また、良い波動を転写させて部屋に置いたり、身につけることでも波動調整を行えます。

水晶の分子構造は螺旋状になっています。その螺旋には右巻きと左巻きがあり、これに振動を与えると左右二種類の結晶は共鳴現象を起こし、強い電気エネルギーを発生します。この分子構造が気の吸収と関係しているのではないかと推測されます。

また、水晶は石英すなわち二酸化ケイ素の透明な結晶ですが、二酸化ケイ素を構成するケイ素自体にも場を浄化するパワーがあります。土地の状態によって、埋没する深さや本数を変えねばなりませんが、イオン化したケイ素を管状のガラスに封入したものを埋没すると、土地の状態が飛躍的に良くなります。

ケイ素は地球上では非常にありふれた物質ですが、宇宙の気と大気の気を強力に保つ物質であり、このケイ素棒埋設の技術は、今後劣悪な環境を改善するための技術として、近い将来に非常に重視されるでしょう。

ちなみに地球と人間、そして他の生物とも調和した有機的な建築を考えていた、人智学の創始者、ドイツのルドルフ・シュタイナーもその著書の中でケイ素に注目しています（『農業講座』人智学出版社）。

＊ギャンブルについて

くじ運が悪い。商店街の福引から宝くじ、ギャンブルにいたるまで、勝負事にはいつも負けてしまう――という人がいます。

運には一定量があります。ギャンブル運の強い人はその一方で、家庭運や友人運が悪かったりするものなので、宝くじに当たった人がその後、一生の運を使い果たして悲惨な人生を歩んだなどという話はよく聞きます。

とはいえ、ここぞというときに、ちょっぴり強運を授かっていい思いがしてみたいというのは、人間の性というもの。

ここでは、鬼門である北東の方位を使った開運術をお教えします。しかし、強大な鬼門の力を利用するのですから、あまりこの力を多用すると思わぬ災難に見舞われます。くれぐれも注意してください。

宝くじは、北東の方角に隠しておいてください。タンスなど暗い所がベストですが、なければぶ厚い本に挟んで北東の方角に置いておくだけでもよいでしょう。

懸賞ハガキなども同様に、締め切りまでそうしておきます。そして、朝一番に北東の方角のポストに投函してください。

パチンコや福引も北東にある店や場所を選びたいのですが、無理な場合は黄色をベースにした服を着用します。また、勝負の前に手を洗うことも大切なポイントです。

*良い音・音楽は空間の波動を高める

水に様々な音楽を聴かせて、その水を凍らせた場合に、結晶に違いがあるかどうか実験を繰り返した機関があります。

その結果、名曲といわれるクラシック音楽を聴かせた水はきれいな結晶を持つのに対して、激しいヘビーメタルの曲を聴かせた水を凍らせてもきれいな結晶は得られませんでした。

一方、植物に音楽を聴かせて、成長の違いを見る実験が、P・トムブキンズの『植物の神秘生活』(工作舎)にいくつも紹介されていますが、この場合もクラシックの名曲やインドの古典音楽を植物は好み、ロックなど激しい音楽を嫌うという結果を得ています。

また、音楽学者の関計夫氏は、日本人が、欧米人に比較して物事を深刻に受け止め、悲観的に考える傾向を持つのは、幼少時に聴いた子守歌が暗い印象を与える短調の曲ばかりであるからという説を唱えています(『新しい音楽心理学』音楽之友社)。

つまり、小さい頃から聴いている音楽によって思考形式が条件づけられているというわけです。これは、非常に説得力のある説明です。

例えば、今、40代になっている人たちが子どもの頃に聴いたのは、母親の歌う子守歌ではなく、TV番組の主題歌であったでしょう。つまり、その世代はTV番組の持つ世界観に条件づけられていると推察でき、それは現実の状況に照らし合わせてもうなずける話です。

そして、今の子どもたちが物事を深刻に考えるどころか、刹那的で、短絡的であるのも、刹那的で短絡的な音楽、例えば、ラップやサンプリング音楽を多く聴いていることの影響なのかもしれません。

このように音楽は氷の結晶の形の違い――すなわち物質レベル、細胞の成長の度合いの違い――すなわち生理レベル、われわれの思考傾向――すなわち心理レベルという様々な位相で作用し、影響を及ぼしていると考えられます。

人間の肉体も、その7割近くは水分であり、音によって与えられた情報を体内の水分が保持することは十分考えられます。その保持された情報で生理が影響を受け、その生理の変化によって心理状態が影響を受けるでしょう。ですから、良い気の入った音楽を日常聴いていることは、心身の波動を高めることに役立ちます。

音楽によって心身の不調を緩和する方法を「音楽療法」といいますが、五行でとらえると音楽は水に相当し、気を動かすことが確かにできます。ですから、自分の身体の気が淀んでいるときには音楽も大切です。

けれども本当は、自然のハーモニーたる温泉に入るのが一番です。

《数霊一般論》

一切の始まりを表す「一」

一という数字は人間の性器を表しています。男女の性の営みによって、この性器から生命が生まれます。一という数字がものの始まりの数であり、基本となります。

一の座は北にあたります。北の方角には北極星があり、不動の星の座といわれています。昔から天地は、天には太陽の火、地には水といわれ、暦では一白水星と呼んでいます。

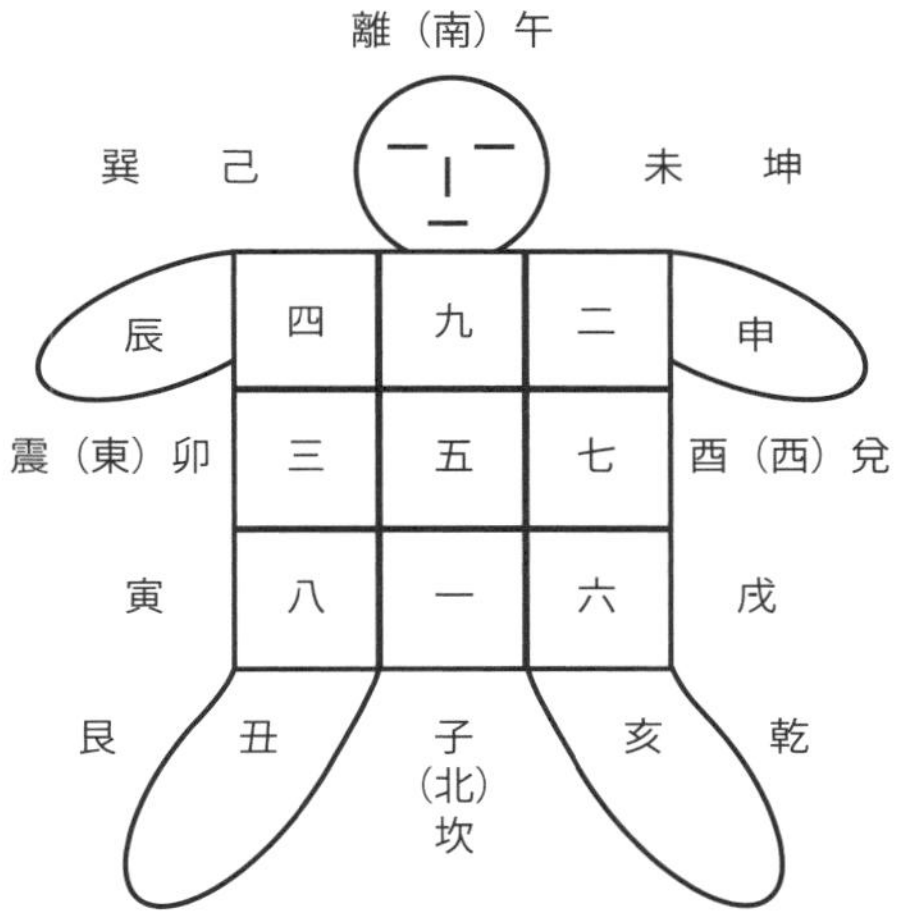

一は一切の始まりであり、交わりであります。身体でいえばヘソの下、すなわち下半身を意味し、また水の場でもあります。

人間は生きるために食べることが必要です。そこで「一白」を、「一パク（パクパク食べる）」といい、「一シロ」とは言わないのです。

一はまた、種をまき、初めて芽が出たところでもあります。いわば芽出しの時期です。十二支でいえば子《ね》の方角にあたり、時間では午後11時から午前1時までをいいます。つまり、一白は一日の終わりであり、始まりでもあるのです。

運勢が上昇期を迎える「二」

二の数は、図からもおわかりのように、南西の方角に位置し、未《ひつじ》と申《さる》の方角になります。芽がやっと二葉になったところです。天にいただく太陽、地より吸い上げる養分という、天地のすばらしい調和によって成長した姿が二という数の意味です。

したがって、この座を天上の土といい、無限の天地の恵みによって育てられていくという意味があります。感謝の座とも妻の座ともいわれ、調和を司るのです。

二はまた、太陽が沈む方角であるため裏日門（裏鬼門）といい、暦では二黒土星といいます。この方角は無理をするとせっかく出た二葉が消えてなくなる座ですから、大切に育てることが必要です。常に調和と感謝の心を持ちながら、気分を充実させるために母の乳を飲んでいる状態なのです。

したがってこの座は、事業を始めるためにひとつひとつ真剣に考え、資金を投じてもさしつかえない時期で、これから運勢が上昇期に向かうことを示しています。天地の恵みに感謝の念を起こす座でもあり、手を合わせて拝するということから、調和の心が生まれてくる場でもあります。

新企画を創造・開発する「三」

三の数は東方に配置されています。これは二葉が三つ葉となって、さらに伸びていく時期を表し、一人前としてすべてが具備されるようになります。稲を例にしていえば、寒い時期を終え、春の兆しがあり、芽や雨が風にも耐えうる強さになった状態を示しています。

人間なら三歳になった頃です。この時期は、「三つ子の魂百まで」といわれるように、神のはからいによって頭脳がすばらしく発達し、親の話す言葉も理解できるようになり、自分でも意外な言葉を発するときなのです。

この座は「気が兆す」ことから三碧木星といい、天地と気を結ぶ意味があります。色でいえば薄緑色、いっせいに葉や苗が伸びてくるときです。ちょうど太陽も中天に昇り、東方より光ありといえるときで、すべてを思いきり伸ばすことを考える座です。

昔から三という字は「結びの数」とも「産む」ともいわれ、新しいものを創造するといわれます。それだけに、組み立て、企画というすばらしい考えが浮かぶのも当然でしょう。男子十七歳の元服の座でもあります。

思いきり仕事に打ち込める「四」

四の数字を見ると、南東の方に位置しています。すなわち辰と巳の方角です。太陽がさんさんと照り輝き、陽気が満ちてすべてが伸びる条件が整ってくる状態です。

一般に、男子も女子も結婚の時期であり、立派な青年として社会に巣立つときです。稲の苗でいえば、人間の努力精進で田植えを行うときです。この座を娘の座といい、一切が整う時期とされています。

暦では、この座を四緑木星といいます。人間でいえばそろそろ貫禄がつくとき、また四本柱がしっかりと建つときでもあります。色でいうなら濃い緑色、気が満ち、花ならば八分咲き、九分咲きといったときにあたります。思いきり仕事に打ち込んでもいい時期です。この時期に努力をしない人は、ろくでなしといえます。

最高の栄誉を手中にできる「五」

五の数を見ると、中心に入っています。人間でいうならヘソです。稲や樹木でいうなら、花が満開する状態です。人生に花が咲くというように、成人して人間が結婚することをいい、また一家の主人、中心となることをいいます。

昔からこの座を八方に開く座として、暦では五黄土星といいます。中心がしっかりしていると無限の黄金が集まるといわれ、本人の努力しだいでは最高の誉れも得られます。

日本の歴代の天皇陛下も、五歳になられた五月五日の節句には袴をつけて碁盤の上に登る儀式があり、中心に立つ帝王の教えの一つになっていると聞いています。

このように、五は非常に重要な座といいます。立派な花を咲かせることも、立派な人間になることも、すべてその人の心にあるといえましょう。神と直結する魂を持ち、天の恵みと地の恵みを真中に受けている座です。

しかし、おごりたかぶって努力精進がないと、花は散り、黄金がただの糞になってしまうともいわれます。努力精進が最も問われる座です。

慎重さを要する衰運の「六」

六の数字を見れば、北西の方位に位置し、戌と亥の方角にあたります。満開の花が散って、実りを迎える時期です。人間でいうなら、男女が結婚して子どもが初めて生まれる状態なのです。大切にしないと、大風や大雨で稲の実りがこぼれ落ちてしまう場合があります。

実りを見るだけで、まだ収穫に至らない姿がこの六の数字です。人間でいうなら、六根清浄を唱え、眼耳鼻舌身意をいい、身体のすべて、胸（六根）・心・魂を神仏と結んで主たる責任を持って歩むときです。

暦ではこの座を六白金星といいます。やがて金の卵が生まれるという収穫を目前にした時期で、最も慎重さを要します。投資をする時期ではありません。いわば衰運なのです。

この座は主人の座ともいわれ、また乾《いぬい》の蔵《くら》という財運の座でもあります。

現状維持を心がける「七」

七の数字を見ると、七は西方に入って酉《とり》の方角です。太陽の光も午後となり、だんだん弱っていくときです。稲でいうなら収穫の時期にあたり、刈り取って倉庫におさめることを意味し、財運の座となります。後継者である子どもが生まれ、親として安心できる状態を示します。

つまり、資金にも恵まれ、また子どもにも恵まれるといった二重の喜びがあり、すべてに感謝の心を持つときです。少々できが悪くても、不足不満は絶対にいってはならないときです。

暦の上では七赤金星といいます。資金的に恵みがあるといっても、華美に流れると大変なことになります。今まで通りの生活をすべき時期です。

稲の収穫が終わり、これから1年間食べていけるよう保管します。また、六の数が山中に埋もれたダイヤモンドをさすなら、七の数は山中のダイヤモンドをようやく苦労して掘り出して商品化した、その商品の状態をいいます。時間でいえば、午後5時から7時までです。

気力充実の時期を示す「八」

八の数字を見ると、八は東北に位置し、丑《うし》、寅《とら》の方向になります。太陽の昇る方角です。一般的には日の門（表鬼門）、または生きる門ともいわれ、ようやく意欲が出てくる場のことです。

稲でいうならば収穫が終わり、刈り取られた株だけが残っている状態です。したがって、次の段取りをしなければならない時期といえます。

相続後継の子どもも育ち、老夫婦は一服して次を考え、息子は一心に働く意欲を増し、太陽が登るように気力を充実させていくべき座です。

この座を八白土星といいます。八面六臂の活躍をすべく努力し、新しいことを始めるために出発点に戻り、次の計画を立てるのです。相続者の座ともいい、この方角は常に祈りを捧げる場で、不浄なことは一切嫌う場でもあります。

ひたすら充電に徹すべき「九」

九の数字を見ると、南にあって午の方角を指しています。南は天であり、太陽の光によって、われわれ人類をはじめ森羅万象が育てられていることを知るとき、無限のありがたさを感じるものです。

それは、生まれて死ぬという一切万象の宿命によって、霊界に帰ることも意味します。つまり、神の世界、神界、霊界に天昇りをすることです。生まれたものは必ず死に、魂は天界に残るといわれるように、南は天、先祖を指します。

一より見て九の数字は一番高い数字で、この座を位定めの座といいます。紫雲という最高の神界の意味もあり、暦では九紫火星と呼んで位の高いことを示します。

先祖を大切にし、神仏を敬う家には福きたるというとおり、私たちの生活では最も大切な場所です。図で示すとおり眼のところにきていますから、頭脳も意味しています。

時期でいうならば正午です。精気が最も強いときであるため、一般にはこの時間を午の刻といい、初午もここからきています。

しかし、運勢面から見ると、この座は新しい計画を練る時期で、事業面においては、投資は避けなければなりません。稲でいうなら、ちょうどこれから種をまく状態で、肥料を与えておくべき時期です。人間ならただひたすら勉強し、努力して子どもを生み育てるときです。

大宇宙の心理を伝える「数」の配列

一から九までの数が持つ意味を分析してきましたが、不思議なことに気がつかれたでしょう。それは、数字の方位がバラバラで、決まりがないように見えることです。

しかし、この並べ方には、きちんとした意味があります。地球が自転しながら太陽の周りを公転している事実、さらに太陽系宇宙にある九つの惑星の関係と切り離すことができません。

私たちの先祖は、まことにすばらしい感覚と洞察力を持っていました。

『古事記』や『日本書紀』には、地球誕生の様子や人類が誕生したときの様子が克明に描かれています。科学が発達する以前から、宇宙の真理や構造、天地の神々の仕組みを知りえた古代の人々に対して、私たちは驚きを覚え、その英知を称えざるをえません。

$体験談紹介$

一、方位取り開運気学の温泉入浴にて

*ガンが良くなった（東京Sさん）

3年前に精密検査をしたら、乳ガンと子宮ガンがありましたが、方位取りにて開運方位の温泉に入ったら、本当に身体が良くなりました。ただ温泉に行くよりも、方位を取って行くことにより、効果が全然違うのが不思議です。

*ノイローゼが治った（大阪Kさん）

子どもが登校拒否で困っていました。

大学病院の精密検査にて精神的なストレスに弱いといわれ、学校を休学させておりました。白峰先生に吉方位の温泉に10日間入浴させなさいと言われて実行しましたら、子どもが嘘のように元気になり、性格も変わったのが不思議でした。

次回はダンナを連れて行きます（笑）。

二、経営者の不思議体験

*気学より温泉風水のすごさ（福岡Kさん）

私は10年前より気学を学び吉方の方位取りをしておりますが、吉方位の温泉に3日間入浴するだけでこんなに運命が変わるとは信じられませんでした。占いの本よりも本当に効果あり、今では社員旅行は吉方位の温泉へ入浴しています。

売上も上昇し、正直キツネにつままれたようです（笑）。

*自殺を止めた（北海道Aさん）

2億円の借金をして、再生機構で処理後、会社は倒産。

秋田のモーテルで住み込みで仕事をしようとしたら、心ある方から玉川温泉へ行って少し休みなさいと言われました。本当は自殺まで考えていましたが、玉川温泉にてガン患者や不治の病の多くの病人の顔を見ておりましたら、死ぬのがもったいなくなりました。

温泉に入ったら、気持ちが本当に楽になりました。

三、干支で行って開運できた！

＊15年の恋愛不倫も止められた（四国Kさん）

会社の従業員と15年間不倫をしていましたが、彼女が結婚するので、思い出に二人で温泉へ旅行しました。方位を調べて彼女のために吉方の温泉へ行きましたが、彼女は半年後に子どももできて、幸せになれました（私にとっても幸せです）。

＊本当に結婚できた！　人生は旅なり（京都Oさん）

結婚できる旅行方位と温泉を紹介していただき、青森十和田へ行きました。

私は昔、新潟より北へは行くなと占い師にいわれて、８年くらい北へは行っていませんでした。

ところが十和田へ行って大自然に触れたら、京都での生活がイヤになり、北海道に移転して、２年後、彼氏ができて結婚しました。もしあのとき十和田に行っていなければ、今でも独身ですね。

四、病気が治った不思議

*アトピーよ、さようなら（名古屋Iさん）

当時小学校5年生の娘が、アトピーで大変でした。北海道の豊富温泉へ行って10日くらい入浴させましたら、本当にアトピーが半分以上良くなりました。

ただ温泉に入るだけでなく、人のいないときに入浴すると本当に効果があります。

*リュウマチに効果（秋田Sさん）

今はママさんバレーも水泳教室にも行けますが、少し前まではリュウマチで動けませんでした。

先生の紹介で長野の松代温泉へ行こうとしましたが、予約が一杯で3ヶ月待って、やっと行くことができました。茶色の温泉がこんなに骨に、そしてリュウマチに効果があるとは知りませんでした。

しかしそのときは方位が悪かったので、自分の干支に合った方角に行きましたら、本当にずっと身体が軽くなりました。ありがとうございました。

五、運命が変わった人々

＊人相が変わって人生観変わる（長野Hさん）

観相家の先生へ相談に行ったところ、人相が悪いので整形しなさいといわれました。それがイヤなら風水師を紹介するといわれ、白峰先生にご縁ができました。

先生からのアドバイスで食べ物を変えて、３ヶ月して五島列島の温泉へ行ったら、周りの人も認めるほど人相が良くなりました（ホントです）。

龍体日本で思い切り温泉を楽しみましょう！

（「地球維新　天声会議　宇宙の黙示録」〈明窓出版〉より抜粋）

日本から「地球維新」が起きる事によって人類のアセンションが始まります。それは日本が世界のひな形であるからなのです。日本人の意識レベルが上がればその波動は世界へ広がるのです。

残念ながら日本の意識レベルは３・１１以来まだ下がったままです。オリンピックの東京招致で多少上昇はしましたが、日本全体がアセンションできるレベルではないのです。日本の波動が下がれば世界の波動も必然的に下がります。この事は西洋の錬金術の奥義「上の如く、下も然り」でも解き明かされており、大きなものから小さなものまであらゆる事象が相似象となっているのです。大本教の出口王仁三郎さんが唱えていた「日本は世界のひな形である」という話も同じですね。

まず、日本列島の形が世界の大陸に対応しています。本州がユーラシア大陸、北海道が北米、四国がオーストラリア大陸、九州がアフリカ等です。形態が相似形をしているだけでなく、日本で起きた事はそのまま世界に影響するのです。そういう意味では日本が世界に先駆けてよい方向に動けば世界は変わるという事なのです。

日本列島は北海道を頭とする龍と九州を頭にする龍体が合体した形をしています。列島の形態自体が龍を示している事は興味深い事です。

北海道は人体で言えば頭になります。以前、そこで鉄道、路線のトラブル70ヵ所という報道がありました。これは人体に置き換えると脳神経に当たります。世界のひな形論でいえば北海道はアメリカ合衆国となりますから、アメリカの脳中枢神経に異常が起きているとわかります。事実、アメリカ議会対立で行政機関閉鎖になっていました。30万人の職員に影響していたようです。

ちなみに、日本では伊勢神宮の内宮遷宮祭がありました。どのような影響が世界に伝わった事でしょう。パキスタン海上では海底が、30メートル隆起して島ができたといいます。これは、日本ではどこに相当するでしょうか。どちらも何らかの前触れになるでしょうね。

京都の福知山市花火大会で火事が起きた頃、台風18号で福知山市は水害により農家の復帰に2年かかったそうです。「火」と「水」の禊《みそぎ》のかたちになっています。すなわち

「火《か》・水《み》」ですね。でもどうして京都にこのような事がおきるのでしょう。

京都はその昔、平安京と呼ばれました。平和の都ですね。京都に相似象の平和の都といえば……みなさんで考えてみてくださいね。その列島に住む日本人は、天皇を頂点とする龍の末裔という言い方もできます。教科書で教えている人類文明の起源を6000年前のシュメール文明にしているのは、真実を隠蔽してそのようにしておきたい人たちの策略なのです。

実は、超古代文明の元は日本なのです。天皇家の御紋である十六菊花紋を見ればわかるように、中心が日本で世界に向けて十六方位に光が放たれる形を示しています。

古事記、日本書紀よりも古い文献に「竹内文書」があります。この文書は学問の世界では偽書とされていますが、わざと現代の言葉をいれて信憑性を低下させるなど操作し、偽書として流布させる事でその本質を守ってきたのです。ストレートに真実を表現すれば、これをよしとしない勢力に潰されかねません。

超古代のカタカムナ文字を平十字《ひらとうじ》という人から教えてもらった物理学者の楢崎皐月《ならさきさつき》という先生がいました。現代科学でも解き明かされていない特殊技術を次々と開発した先生ですが、「相似象」という事に気が付かれて研究を続けていらっしゃいました。この方の技術に、ある外国の勢力が目をつけ、その研究結果を奪おうとされたそうです。それでその人たちに取り囲まれた時、馬鹿のように振る舞ったために相手が戦意喪失したといいます。「大賢は愚なるがごとし」といいますが、そのようにしてピンチを切り抜けられたのです。

真実が書いてある書は、このようにカムフラージュして書かれています。そのカムフラージュ部分を取り上げて偽書扱いしている学者が愚という事になります。職業としての学者、先生が真実を語れば職を失いかねません。学問の世界はそのような構造になっているという事です。

竹内文書をはじめとする古文献は偽書とされ、国の意向で作られたつぎはぎだらけの古事記、日本書紀が正統な古文献とされています。国の威信をかけて作った古文献が2種類もあるという点と、微妙に内容が違うという事も真実を隠している証拠なのです。竹内文書には日本に日の玉が飛んで（宇宙人が）降り立ちシャーマンとしての天皇、スメラノミコトに対しご神託というかたちで政治、農業技術などを教えていたとあります。

スメラノミコトは天の浮舟に乗り世界を廻って統治していました。しかし時代が進むにつれて人心が乱れ、宇宙人も地球を離れてしまいご神託が得られなくなりました。その後地球は、未曾有の天変地異に見舞われたのです。そこで生き残った人々が我々という事なのです。

もちろんスメラノミコトのＤＮＡは我々日本人の中にもあります。表向き語られていませんが、我々ひとりひとりがスメラノミコトの血を受け継いでいるのです。その事は忘れないでください。

日本には他の国にない特徴があります。それはまず地震が多い事、４つの大きなプレートの真上に日本列島があります。断層が多く地下のマグマの動きも活発なため地震が多いのです。

それは言い換えると大地のエネルギーが高いという事なのです。世間で言われているゼロ磁場も断層付近にできます。

日本には多くの断層がありますが、そういう意味では大地の磁場の恩恵をいただいている国ともいえます。日本には３万５０００箇所の源泉と４０００箇所ほどの温泉がありま す。原発事故以来次世代エネルギーについていろいろ検討されています。温泉が豊富という事は地熱を利用する事が可能という事ですね。「地熱発電」が日本全体に４００箇所有れば、原発以上の発電量と安全性が確保されます。

実は大地のエネルギーをもっと有効に使えば、エネルギー問題は解消できるのです。温泉大国日本は大地に流れるマグマの火のエネルギーと水のエネルギーが統合されての力を得られるのです。神道では清々しさを大切にしますから禊（水により肉体的穢れを取り除く）、祓い（心の穢れを取り除く）の修行を行います。しかし誰もが禊ができるわけではありません。体が弱った老人や小さなこどもたちには難しいでしょう。そういう方には温泉がもっともよろしいのです。なにより体を温めます。

さまざまな病の元は体の冷えからきています。泉質によっては飲んで治療効果が得られるものがあります。大地のミネラルをいただくわけですね。

温泉に入るにも正しい方位と組み合わせる事でその効果が高まります。それを方位取りと呼んでいます。湯治という言葉があるように、温泉は昔から薬より安全で効果が高い癒しの方法として使われてきたのです。

医師推薦の温泉紹介

A 北海道

カルルス温泉／二股らじうむ温泉

B 四国

祖谷温泉（徳島）／道後温泉病院（愛媛）

C 九州

湯布院温泉（大分）／湯平温泉（大分）／黒川温泉（熊本）／隼人温泉病院（鹿児島）／妙見温泉（鹿児島）

D 関東

万座温泉（群馬）／四万温泉（群馬）／西山温泉（山梨）／富士河口湖温泉（山梨）／富士温泉病院（山梨）

E 近畿／中部

有馬温泉病院（兵庫）／淡路島温泉（兵庫）／那智勝浦町立温泉病院（和歌山）／湯の島ラジウム鉱泉保養所ローソク温泉（岐阜）／鹿教湯病院（長野）

F 東北

白布温泉（山形）／須川温泉（岩手）／夏油温泉（岩手）／高湯温泉（福島）

G 中国

池田ラジウム鉱泉（島根）／関金温泉（鳥取）／国立三朝温泉病院（鳥取）

H 北陸

栃尾又温泉（新潟）

病気治療にお薦めの温泉

1　アレルギー性疾患（アトピーなど）	重炭酸土類泉
百沢温泉、三本柳温泉（青森）／霧積温泉（群馬）／長湯温泉（大分）／湯之谷温泉（鹿児島）	
2　美容、若返り（女性のための）	重曹泉
定山渓温泉（北海道）／今神温泉（山形）／鹿の瀬温泉（長野）／龍神温泉（和歌山）／南山温泉（島根）	
3　体力、精力回復（男性のための）	食塩泉
鎌先温泉（宮城）／熱川温泉（静岡）／弥彦温泉（新潟）／芦原温泉（福井）	
4　脳の病気、脳卒中など（ストレス）	硫酸塩泉
登別温泉（北海道）／猿倉温泉（青森）／四万温泉（群馬）／玉造温泉（島根）／内牧温泉（熊本）	
5　痛風・リウマチ・神経痛（ハゲ）	放射能泉
カルルス温泉（北海道）／蔵王温泉（山形）／三朝温泉（鳥取）／熊の川温泉（佐賀）	
6　あらゆる病気治療（ガン＆糖尿）	硫黄泉
野中温泉（北海道）／猿倉温泉（青森）／高湯温泉（福島）／日光湯元温泉（栃木）／万座温泉（群馬）／白骨温泉（長野）／法華院温泉（大分）／垂玉温泉（熊本）	

温泉評論家 白峰氏お勧めの 18 の温泉

全国 3000 か所から、当白峰温泉友の会の会員 810 名のリサーチにより決定しました。
観光協会からは一切ギャラをもらっていません。（笑）

新穂高温泉　新穂高の湯…　（岐阜）0578-9-2458

小谷温泉…………………　（長野）0261-82-2233
（一般社団法人　小谷村観光連盟）

雲見温泉　平六地蔵露天風呂　（静岡）0558-42-0745

黒薙温泉旅館………………　（富山）0765-62-1802

白馬岳蓮華温泉ロッジ……　（新潟）090-2524-7237

燕温泉……………………　（新潟）0255-86-3911

奥鬼怒温泉　秘湯の宿
八丁湯……………………　（栃木）0288-96-0306

上記は秘湯ゆえ交通をよく確認の上、旅行のこと。
70 才以上の方には特にお薦めです。
（日本の将来を考え、ロマンのある方だけ行ってください）

然別峡　かんの温泉…………	（北海道）	予約：050-5319-4067 問合：050-5319-6223
ニセコ五色温泉………………	（北海道）	0136-58-2707
酸ヶ湯温泉…………………	（青森）	0177-38-6400
乳頭温泉 鶴の湯 ……………	（秋田）	0187-46-2139
元湯夏油……………………	（岩手）	090-5834-5151
宝川温泉　汪泉閣……………	（群馬）	0278-75-2611
地獄谷温泉　後楽館…………	（長野）	0269-33-4376
仙仁温泉　岩の湯……………	（長野）	026-245-2453
奥湯沢　貝掛温泉……………	（新潟）	0257-88-9911
祖谷温泉……………………	（徳島）	0883-75-2311
碧湯温泉旅館　福元屋………	（大分）	09737-8-8754
地獄温泉　清風荘……………	（熊本）	09676-7-0005

旅館・ホテルの御案内は当白峰会温泉友の会では原則としてしていません。

（リベートを一円もいただかずただ温泉だけ楽しむ会であるためです。秘湯協会とも一切関係なし）

各地方エリア

（行くのにいい季節。日本の龍体エネルギーが入れ替わる時です）

A → 北海道　（春／秋）
B → 四　国　（冬／春）
C → 九　州　（夏／冬）
D → 関　東　（春／秋）
E → 近　畿　（秋／冬）
F → 東　北　（秋／冬）
G → 中　国　（春／秋）
H → 北　陸　（夏／冬）

point

※方位学や気学ではなく、相象学で温泉を選ぶ！
（お盆とお正月をさけて行って下さい）
※天赦日に行くとさらに効果大。暦にある天赦日はその字の通り『天が過ちを赦す日』。１年に４、５日しかない大吉日。
※早見表で地方エリアを選び、命数日にそのエリアの温泉に入る、それだけで開運できる。
※病気の回復も驚くほど早い。
※ 10 日と 28 日は干支に関係なく、誰でも自分の住む町の温泉に入ると、福徳が授かる。ただし、自宅から 50km 以内の温泉が好ましい。